대학교수

그 허상과 실상

나남
nanam

김동익

서울고, 서울대 법대 졸업

조선일보 기자, 중앙일보 편집국장, 주필, 대표이사

정무장관

건국대 초빙교수, 성균관대 석좌교수 역임

용인송담대 총장(현)

나남신서 · 1384

대학교수

그 허상과 실상

2009년 3월 5일 초판 발행
2009년 3월 5일 초판 1쇄

지은이 · 金東益
발행자 · 趙相浩
발행처 · (주) 나남
주소 · 413-756 경기도 파주시 교하읍
출판도시 518-4
전화 · 031) 955-4600 (代)
FAX · 031) 955-4555
등록 · 제 1-71호(79. 5. 12)
홈페이지 · www.nanam.net
전자우편 · post@nanam.net

ISBN 978-89-300-8384-3
ISBN 978-89-300-8001-9 (세트)
책값은 뒤표지에 있습니다.

*이 책은 관훈클럽 신영연구기금의 도움을 받아 저술 출판되었습니다.

나남신서 • 1384

대학교수

그 허상과 실상

김 동 익 지음

나남
nanam

책머리에

원래 책제목을 《대학풍경》 또는 《대학가 산책》으로 할 생각이었다. 그런데 주변의 한 친구가 "교수님 교수놈"으로 하는 게 어떠냐고 제의를 했다. 나는 뜨끔했다.

"교수님에 대한 묘사보다 교수놈에 대한 묘사가 많아서 그러느냐"고 물었더니 "그게 아니고 좀 흥미롭지 않은가. '놈' 적 기술보다 '님' 적 이야기가 더 많은걸"이라는 것이다. 그 친구의 설명으로는 책 제목이 무감성적이고 중성적이면 안 좋다는 것이었다. 그래서 나는 그 제목에 동의했었다.

'놈'은 한자로는 '자'(者)다. '자' 자는 '가'(家)에 비해서는 천격이라고 볼 수도 있다. 노동하는 사람은 노동'자', 자본을 대는 사람은 자본'가', 예술을 하는 사람은 예술'자'가 아니라 예술'가'다. 크게 일을 성취한 사람을 대'가'(大家)라고 하지 대'자'(大者)라고는 하지 않는다. 정치하는 사람을 말할 때도 그렇다. 처칠이나 루스벨트 같은 사람은 정치'가'(*Statesman*)라고 하지만 높이 평가받지 못하는 사람은 정치'인'(*Politician*)이라고 한다.

그렇다고 '자' 자가 붙으면 모두 천격이냐 하면 그렇지는 않다. 학문에 정진하는 사람을 학'자'라고 하는 것으로 보아도 그렇다.

이놈, 저놈 할 때의 '놈'은 욕이다. 그러나 학'자'라고 할 때의 놈 '자'(者)자는 욕이 아니다. 나는 학자의 '자', 기자의 '자'를 생각하면서 교수 '놈' 자를 제목에 쓰는 데에 동의하려 했다.

실제로 나는 교수를 비하하거나 그럴 의도가 전혀 없다. 단지 '놈' 자 때문에 자존심이 상할 교수가 있을 것이라는 생각이 들었고 이 생각은 끝내 지워지지 않았다. 그래서 편집자와 의논 끝에 책 제목을 바꾸기로 하였다.

나는 언론사에서 오랜 세월을 보냈고 정부와 기업에도 잠시 몸담았었다. 공공기관에도 관여한 적이 있고 대학생활의 경험은 10여 년이다.

대학에 있으면서 교수사회는 다른 사회와 많이 다르구나 하는 생각을 여러 번 했다. 이해가 되는 면도 있고 이해가 잘 안 되는 면도 있었다. 또 밖에서 일반적으로 인식하는 대학사회와 대학사회의 실제는 많이 차이가 있는 것 같은 생각도 들었다. 좋은 측면으로 이해되고 있는 점은 과찬인 경우가 있고 나쁜 인식은 몰이해에서 오는 경우도 있는 것 같았다.

교수사회와 다른 사회의 차이는 무엇이고 그것은 왜 생겼는가, 그 차이는 바람직한 것인가, 대학에 대한 일반적 인식의 착오는 어디서 비롯되었는가, 교수 스스로의 인식의 전환은 필요치 않은가 … 등을 정리해 보고 싶었다. 그래서 이 책을 쓰기로 했으나 결코 만족스러운 설명은 안 되었다.

정상적인 코스를 거친 교수생활을 했다면 좀더 나은 분석을 할 수 있었을지 모른다. 학문적 연마가 있었으면 좀더 논리적으로 대학사회를 설명할 수 있었을 것이다. 그렇지 못했기 때문에 '잡문'에 그친 것 같아 부끄러운 생각이 든다.

부끄러운 잡문이 될지 모른다는 걱정에도 불구하고 책을 쓰기로 용기를 낸 것은 내가 접한 많은 교수들이 나와 같은 시각을 갖고 있었기 때문이다.

직접, 간접으로 이 용기를 내게 해준 교수는 여러분이다. 특히 김광옥(수원대학교 명예교수), 손풍삼(순천향대학교 총장) 두 분은 많은 도움을 주었다. 감사의 뜻을 덧붙이지 않을 수 없다.

2009년 3월 5일

金東益

김동익

대학교수
그 허상과 실상

차 례

제2부 베스트 프로페서의 조건

제3부 교수님, 아 교수님

제1부

아카데미즘과 저널리즘

시장 속으로

대학 오늘의 현실

대학교수. 공부를 많이 해서 높은 학위를 가졌고 학생들에게 강의하고 연구에 몰두하고, 그래서 사회적으로 명망이 있는 직업이다.

실제로 대학교수의 급여는 일반 봉급자의 급여보다 낮지 않다. 거기에 연구비 혜택을 받는 교수도 많고 큰 말썽이 없으면 65세까지의 정년은 보장되어 있다. 일주일에 하루는 연구일로 정해 학교에 나가지 않아도 된다. 학회참석, 연구목적의 출장, 학생해외연수지도 등의 해외여행도 심심치 않다. 교수회의라든가 각종 위원회에 참석할 일이 있기는 하지만 시간적 여유를 갖기로 대학만한 직장이 없다.

'학문의 자유', '교권수호', '수평적 교수사회'라는 기치 아래 교수 개개인은 수업내용이나 연구실적에 관해 대학당국이나 다른 교수로부터 전혀 간섭을 받지 않는다.

대학은 글자 그대로 '상아탑'이었고 외부에서 들여다보기 힘든 폐쇄사회였다. 수업을 이해하지 못하는 학생이나 성적이 부진한 학생은 전적으로 학생 탓이지 대학이나 교수의 책임과는 무관한 것이었다. 그래서 대학은 현인(賢人)들이 모여 있는 도원경(桃源境)이고 편안히 지낼 수 있는 샹그릴라였다.

그러나 이것은 옛말이다. 2, 30년 전의 대학을 이해하던 사람들은 상상을 못할 정도로 대학환경과 대학문화는 바뀌고 있다. 나이 든 사람들이 상상하지 못하는 것은 둘째 치고, 현역의 대학교수들 중에서도 그 변화를 이해하거나 소화하지 못하는 데에서 대학발전이 정체되고, 경우에 따라서는 학내분규까지 생기고 있다.

그 변화의 배경은 무엇이고 본질은 무엇인가.

우리나라는 교육열이 높다. 유태인들은 교육열이 높은 민족성을 갖고 있다. 그래서 미국에는 '주이시 마더'(*Jewish Mother*)라는 말이 있다. 자녀교육에 열성인 엄마들을 의미한다. 그런데 우리 교포들이 많이 사는 미국 도시에는 '코리언 마더'(*Korean*

Mother) 라는 말이 쓰인다. 아이들을 학교에만 맡겨놓지 않고 학원에 보내거나 과외를 시키고, 학교를 빈번히 찾아가는 등 극성을 부리는 엄마가 많아서 생긴 말이다.

실제로 우리나라의 대학진학률은 83%가 넘는다. 미국을 비롯한 선진국의 대학진학률이 50% 내외인 점과 비교하면 엄청난 진학률이다. 대학을 고등교육기관이라고 하는데 고교졸업생 83%가 대학에 간다면 이제 대학을 '보통교육기관'이라고 해야 할 판이다.

우리나라가 선진국 문턱까지 올 수 있었던 것은 교육의 힘이라고 보는 사람이 많다. 사실일 것이다. 그러나 우리가 그 문턱에서 오랫동안 머뭇거리는 것은 높은 교육열에 맞는 교육의 질에 문제가 있기 때문이라고 볼 수 있다. 교육의 수요와 공급은 양뿐만 아니라 질에서도 밸런스가 맞아야 하는데 그 밸런스를 못 맞추고 있기 때문이라고도 할 수 있다.

교육열은 교육의 수요원이고 대학은 공급원이다. 이 수급 밸런스는 오랫동안 대학측이 압도적으로 유리했다. 그래서 입시전쟁이라는 말도 생겨났다.

이런 환경에서 대학은 교육내용, 교육방법의 문제, 학생의 만족도, 졸업생의 진로 등에 별로 관심을 갖지 않았다. "넣어준다, 가르쳐준다, 잠자코 들어라, 그리고 졸업해라"라는 고자세였다. 단지 비교우위를 위한 대학간 경쟁 때문에 교육서비스의 개선 정도에 신경을 썼을 뿐이다. 좋은 건물을 지어 대학소개 브로슈어에 과시하고 학생들을 위한 복지시설을 늘리는 따위였다.

그러나 대학은 늘고 고교졸업생이 주는 인구추세 때문에 대학은 위기를 맞았다. 2008년만 하더라도 대학진학 지망생은 58만여 명(재수생 포함)인데 대학입학정원은 61만여 명이다. 거기다 명문대학으로 쏠리고 수도권으로 몰리다 보니 정원미달의 대학이 많이 생겨나게 되었다.

대학입학 적령인 18세의 인구추세를 보면 2008년의 63만 명이 2017년에 50만대로, 2021년에 40만대로, 2031년에 30만대로 계속 줄어 2050년에는 2010년의 2분의 1도 안 되는 숫자로 줄어들 전망이다.

대학의 위기는 한 걸음 한 걸음 피할 수 없이 다가오고 있다. 이 위기의 서막은 이미 2002~2004년에 겪었다. 공급초과현상이 그것이다.

대학의 위기 극복책은 1차적으로 학생유치다. 2차적으로는 교육서비스의 개선이다. 신도 없이 교회운영이 안 되듯이 학생 없이는 대학을 운영할 수 없다. 그래서 학생의 입시전쟁이 아니라 대학은 학생유치전쟁을 치러야 한다. 대학 홍보를 강화하고, 입시설명회를 열며, 이를 위해 인근 고등학교를 관리한다.

교육서비스의 강화란 취업을 학생에게만 맡겨 놓는 것이 아니라 대학이 취업의 문을 두드려 길을 열어주고, 장학금을 증액하고, 학업지체학생을 위한 보충반, 자격증을 위한 특별반을 운영하는 등 과거의 "교수중심대학이 아니라 학생중심대학"으로 변화하는 것이다.

학생유치와 교육서비스개선은 경쟁적으로 이루어지고 있다. 이 경쟁에서 지면 대학은 생존을 위협받는다. 대학은 이제 시장원리에 지배받게 된 것이다.

시장에서의 경쟁은 발전의 원동력이다. 입학자원의 고갈이 아니더라도 우리나라 대학은 아마 경쟁을 치열하게 벌였을 것이다. 왜냐하면 오늘의 시대가 경쟁의 시대, 그것도 국경 없는 무대에서의 경쟁시대이기 때문이다. 경쟁에서 지면 뒤처지고, 계속 뒤처지면 시장에서 퇴출당하는 것이 시장원리다.

어느 나라를 막론하고 국립대학은 국가재정 속에서 안주하고 있다. 경쟁 노력 없이도 명맥이 유지된다. 우리나라의 어느 지방 국립대학은 재학생 총수 800명, 교수 118명이다. 직원 55명, 조교 23명인 이 대학의 재정은 살펴볼 필요가 없다. 그 대학이 소수정예의 명망 있는 대학이라고 보는 사람은 아무도 없다. 그래서 국립대학의 법인화가 거론되는 것이다. 최소한의 국가지원 아래 자주적인 경쟁노력을 촉구하기 위해서다.

세계 모든 나라는 이미 1900년대 말부터 대학개혁에 착수했다. 이 대학개혁은 바로 대학을 경쟁체제로 바꾸는 작업이다.

국립대학이 없는 미국에서 많은 주립대학은 주정부의 무한지원을 받는 것이 아니고 사실상의 법인체로 운영되고 있다. 일본은 국립대학을 이미 2004년에 법인화했다.

우리나라에서 국립대학의 법인화논의는 이제 시작단계에 있다. 뜻밖에도 이 논의의 시동단계에서 거꾸로 가자는 주장이 있다. 교육평준화론자의 주장이다. 진보주의를 내건 사람들은 사립대학운영을 돈 노름으로 규정짓는다. 그래서 모든 사립대학을 국립으로 전환해야 한다는 것이다(대구가톨릭대학교 이득재

교수 지음, 《대한민국에 교육은 없다》, p. 72). 이는 교육의 국유화, 교육의 사회주의화론에 다름없다.

어떠한 논리가 횡행하든 간에 대학의 경쟁은 좋은 대학교육을 위한 시대적 요청이고 세계적 추세이다.

더욱이 고등학교 졸업생이 현재의 반으로 감소한다고 볼 때 대학은 어떻게 되겠는가. 구조조정을 하더라도 현재 대학의 4분의 1은 폐교하든가 통합되어야 하고, 학과의 3분의 1 정도는 구조개혁이 불가피할 것으로 보는 견해가 있다.

도원경의 대학이 시장으로 밀려갔을 때 대학이라는 조직의 동태적 본질은 무엇일까.

대학은 기업과는 다른 특수한 조직이라고 흔히 말하지만 그것은 조직이나 경영을 잘 모르는 순진한 아마추어가 하는 말에 불과하다. 대학은 사업활동의 분야가 다를 뿐이지 기업조직과 다를 바가 없다. 거기에는 조직의 생존과 발전을 위한 매니지먼트 기능이 필수적이다. 매니지먼트 기능은 원래 조직목적을 이루기 위해 합리적으로 작동하기 때문에 조직에 소속된 구성원은 개인적 목적이나 심정 또는 가치관에 못지않게 조직의 목적과 가치관을 존중해야 한다.

중은 절이 싫으면 절을 떠나야 한다. 대학교수가 대학이 직면한 현실을 이해하려 하지 않고, 조직구성원으로서 조직의 가는 길에 동참할 의사가 없으면 대학을 떠나야 한다.

떠날 의사가 없다면 이제 교수는 가부좌를 틀고 세월의 무상함을 되뇌기보다는 시장 속으로 뛰어들어야 한다. 아니 뛰어들 수밖에 없다. 과거 자신들의 은사들이 살았던 무릉도원을 동경하기보다는 시장에서 생존할 수 있는 능력개발에 골몰하여야 한다. 늘 그랬듯 '나는 최고야. 그런데 능력 없는 학생들 때문에 내 능력이 발휘되지 못하는 거야' 하는 탄식보다는 '그래. 모자라지만 그들의 미래를 위하여 내가 할 일은 무엇일까?'를 고민하는 것이 진정한 교수일 것이다.

무릇 시장은 경쟁의 논리가 지배하는 곳임을 교수들은 잘 알고 있을 것이다. 경쟁을 통하여 발전이 있다. 독점 내지 과점을 통한 발전은 없다. 특히 외국에서 좋은 공부를 한 교수들은 이러한 상황을 누구보다 잘 인식하고 있을 것이다. 외국대학의 교수들은 경쟁에서 살아남기 위한 피나는 노력을 하고 있다.

그런데 기이하게도 이 모든 것이 귀국하자마자 '나는 교수다. 누구와 경쟁하지 않아도 되는 그런 지위다. 감히 누가 나를 경쟁의 늪으로 내몬단 말인가' 라는 특권의식에 사로잡힌다.

경쟁을 싫어하고 경쟁상대가 없으니 학생을 향해야 할 역량을 제 밥그릇 챙기기는 물론 용돈 푼이나 받는 외부 프로젝트에 깊은 관심을 두고 기웃기웃거린다. '선비는 겻불을 쬐지 않는다'는 고고한 자세라도 견지하면 그나마 품위는 지키는 것이지만, 경쟁도 싫고 오직 자신의 이익에만 몰두하는 교수는 이 시대의 대학현실에 전혀 맞지 않는다.

대학총장과 참모총장

군대의 참모총장이나, 해군군함의 함장을 장병들이 선거로 뽑는다면 그것은 코미디다. 장병들도 국방정책에 관한 의견이 있을 수 있고, 전략·전술에 일가견을 가질 수 있다. 그러나 그들의 의견은 참모총장 인사에 참작되지 않는다.

선거로 사단장을 뽑지 않는다고 해서 사단장의 독단·독선을 단정할 필요는 없다. 사단장은 국가의 국방정책과 군의 질서(지휘계통) 테두리 안에서, 그것도 참모들의 의견을 종합해서 지휘권을 행사하게 된다.

대학과 군은 조직의 성격이 판이하다. 조직의 다른 점, 같은 점을 굳이 분석할 필요는 없다. 총장을 선거로 뽑아야 할 만큼 다른 것이 아님은 분명하다.

국가에 국방정책과 군의 통솔방침이 있듯이 국가에 교육정책이 있고 대학에는 건학이념이 있다. 그 기본정책과 기본방침을 어떻게 충실히 이행하느냐는 방법론, 전략수립을 하는 것은 대학총장의 몫이다.

선거는 분명히 민주주의적 개념이다. 그렇다고 선거로 뽑는 직책이 많을수록 민주적이라거나, 그래야만 민주주의가 실현되는 것이라고 말할 수는 없다.

우리나라에서 선거가 민주화의 절대적 상징으로 인식된 데에는 연유가 있다. 정당성이 결여된 체제에 대한 반작용이며, 다름 아닌 제 5공화국 체제에 대한 불만의 폭발이다.

제 5공화국의 전두환 대통령은 통대(統代, 통일주체국민회의)라는 야릇한 기구의 간접선거로 집권했다. 통대는 대의(代議)기구가 아니라 대통령 선출만을 위한 선거기구였다. 장충동의 체육관에서 들러리 후보를 내세워 형식적인 선거를 치렀기 때문에 거기서 선출된 전 대통령을 체육관 대통령이라 했고 들러리후보를 내세웠던 정당은 여당의 제2중대라고 했다.

정당성이 없는 체제는 저항에 부딪치게 되어 있다. 그것도 5년이나 누적되었다. 정당성 없는 체제는 1987년 이른바 '6 · 29

선언'으로 종언을 고했다. 엄격히 말해 6 · 29 선언은 저항에 대한 항복선언이었다.

6 · 29 선언이 국민의 환호를 받은 것은 대통령선거를 직선제로 바꾼다는 것 때문이었다. 간교한 간접선거가 민주적 선거를 위장한 것이라는 것을 모든 국민이 알고 있었고, 그래서 직접선거가 민주화라는 확신을 갖게 되었다.

6 · 29 선언이 있던 1987년 이후 직접선거의 열망은 확산되었다. 대학에도 언론기관에도 직접선거의 바람이 불었다.

언론사의 경우, 기자들은 박정희 대통령의 유신시대부터 언론통제에 항거하는 자유언론투쟁을 전개했다. 이 투쟁의 중심에는 "편집권의 독립"이라는 깃발이 중심에 서게 된다. 권력으로부터의 독립이 1차적인 것은 말할 것도 없다.

1988년 이후부터 시작된 언론사의 노동조합 운동은 편집권의 독립을 노조의 활동목표 중 주요 사항으로 삼았다. 편집권의 독립은 권력으로부터의 독립뿐만 아니라 언론사 소유 · 경영으로부터의 독립까지 포함했다. 편집권 독립을 확보하기 위해서는 편집국장 인사에 기자들이 개입해야 한다는 것이고 이것이 노사협상의 주요 대상이 되었다.

처음 내세운 것은 편집국장 직선제, 일보 후퇴한 것이 임명동의제다. 많은 언론사들이 편집국장, 보도국장 임명에 기자들의 인준절차를 거치도록 인사규정을 고치게 된 것은 바로 노조의 이러한 요구를 수용했기 때문이다.

세계 어느 나라에도 편집국장, 보도국장을 기자들이 뽑거나 인준하는 신문·방송사는 없다(사원 또는 사원 지주조합이 대주주인 언론사에서는 사장·편집국장을 선출하는 경우가 극히 드물게 있기는 하지만).

편집국장은 기자를 지휘하고 편집권을 행사하는 야전사령관이다. 이 사령관을 1년 된 초임기자와 20년 경력이 넘는 기자가 모두 한 표로 선출하거나 임명에 동의하는 투표를 한다…?

외국의 언론인들은 모두 놀랐다. 한국의 민주주의는 아주 어렵게 명맥을 유지하고 있는데 언론은 민주주의를 앞서서 달려가고 있는 듯하다고 비웃기도 했다.

언론이 정치권력에 의해 간섭을 받고 편집권이 권력에 의해 침해당한 오랫동안의 고통의 몸부림, 그 몸부림은 언론사 내부의 전통적 질서를 흔들어 놓은 셈이다.

대학사회는 어떠한가. 대학교육이 언론만큼 통제를 받았다고 보기는 어렵다. 대학교수들이 민주화 투쟁에 기여한 것은 사실이지만 그것은 일반적인 민주화운동이며 대학통제에 대한 저항운동은 자유언론투쟁만큼 치열하지는 않았다고 보아야 한다. 그럼에도 불구하고 대학총장 직선제는 불길처럼 일어났다.

편집국장 선거제·인준제는 신문사의 분위기를 망쳐 놓았다. 파벌이 조성되고 국장의 강력한 리더십 발휘가 어렵게 되었다. 그래서 몇 년 후에는 많은 언론사가 선거제·인준제를 철폐했다.

선거제의 폐단은 대학에도 마찬가지다. 파벌이 생기고 총장을 희망하는 교수가 학교분위기를 많이 흐려놓는다. 선심공세를 펴느라 선물을 돌리고, 학벌이나 지역성 회합을 자주 만든다. 중상과 모략이 난무하고 외부세력까지 끌어들이려 한다. 이런 분위기는 결코 바람직하지 않을 것이다.

몇 년 전 서울의 어느 대학에 있었던 일이다. 총장 추천위원회가 있어 총장 후보자 두 사람을 복수 추천하면 이사회가 그 중에서 인선을 한다. 추천위원회는 교수대표, 직원대표 외에 동문회, 학부모단체, 학생회에서도 참여한다. 모양은 민주적인 듯 그럴듯하다.

실제로는 여러 가지 허점을 안고 있다. 첫째, 합리성의 문제다. 학생은 교수의 가르침을 받는 신분인데, 가르침을 받는 사람이 가르치는 사람의 자질과 능력을 평가해 선택한다는 것은 논리에 맞지 않는다. 학생, 동문, 학부모 모두 대학이 잘되기를 바라는 마음은 있을 것이다. 바라는 마음을 인정하는 것과 실체적 권리를 부여하는 것은 다르다.

최근 들어 대학운영에서 기업운영방식이 많이 거론된다. 학생관리를 고객관리개념으로 파악하고 "학생중심"을 "소비자중심"과 비교하는 것이 그것이다. 상품의 제조업체나 판매서비스업체에서는 고객의 의견을 살피고 고객을 하늘처럼 받들어야 한다. 그러나 학생은 다르다. 학생의 의견을 듣는 것이 아니라 학생이 의견을 가질 수 있도록 가르치는 것이고, 학생을 받드는 것이 아니고 이끌어야 한다.

몇 년 전 어느 대학에서 학생들이 교양과목에서 무엇을 빼야 하고 무엇을 넣어야 한다고 주장하고 나선 적이 있었다. 학생을 고객이나 소비자처럼 파악하는 풍조를 대학 스스로가 내걸었기 때문에 자초한 화일 것이다. 과목편성을 학생이 하는 것이 불합리하다면 대학총장 인사에 학생이 관여하는 것은 더욱 불합리한 일이다.

민주화로 포장된 총장추천위원회 구성의 두 번째 문제점은 대표성 문제다. 학부모 대표가 추천위원회에 참여한다면 전체 학부모의 의사가 결정되어 그것이 대표를 통해 반영되어야 한다. 전체 학부모의 의사가 어떻게 집계되는지에 대해서는 규정도 없고 관행도 없다. 비단 학부모 대표뿐만 아니다. 동문회대표, 학생대표의 대표성은 어떤 논리로도 설명될 수가 없다.

허점투성이의 이 추천위원회는 몇 사람의 총장후보 중 두 사람의 교수를 투표로 결정해 이사회에 넘긴다. A후보는 논문표절이 문제가 될 수 있고 B후보는 NGO단체에 참여하면서 TV 출연도 자주하는 등 교외활동이 많은 교수일 수 있다. 좋게 말하면 현실참여에 적극적이고 나쁘게 얘기하면 대학 밖으로 눈을 많이 돌리는 교수다.

결국 이사회는 만족할 수 없는 두 사람 중 한 사람이라는 좁은 영역에서 선택을 할 수밖에 없다. 이사회는 차악(次惡)을 선택하는 경우가 생기는 것이다.

대학사회에도 언론기관처럼 총장 직선제 또는 추천위원회제도에 대한 반성이 높다. 그러나 민주화라는 허울과 학내 폴리페서가 어우러진 총장직선제의 망령이 이 구석 저 구석에서 꿈틀대고 있는 것도 현실이다.

대학총장은 교수의 단순한 우두머리가 아니다. 하는 일이 다양하고 무겁다. 교수의 채용과 승진 등 인사에 관한 일, 학생의 만족도와 교육효과를 높이기 위한 조치, 학교의 재정운용과 발전기금을 마련하는 일 등 눈을 돌리고 머리를 써야 할 일이 한두 가지가 아니다. 지역의 각종 회의와 초청강연에도 응해야 하고 동창회에는 즐거운 마음으로 발품을 팔아야 한다.

그래서 미국의 어느 기업인은 이런 말을 했다. "대륙횡단철도회사 사장이나 큰 은행의 은행장, 거대기업의 회장도 일 많이 하는 대학총장에 비하면 편안한 자리다"라고.

대학총장이 일을 하는 스타일에는 몇 가지 있는 것 같다.

교향악단 지휘도 물 흐르듯 조용히 지휘하는 지휘자가 있고 역동적으로 지휘하는 사람—이런 지휘자는 지휘봉뿐 아니라 팔이 머리 위까지 올라가고, 오케스트라 단원이나 청중이 모두 에너지의 발산을 느끼게 된다. 거기서 한걸음 더 나아가 격정을 못 이겨 지휘중에 소리를 지르는 지휘자도 있다. 유명한 지휘자 샤를 뮌슈(Charles Munch) 같은 사람이다. 악기소리가 아닌 지휘자의 목소리가 끼어들었다고 해서 문제 삼거나 연주가 저평가된 적이 없다.

물 흐르듯 조용히 오케스트라를 지휘하는 스타일로 소리 없이 총장직을 수행한 사람으로는 존스 홉킨스대학의 길만(Daniel C. Gilman) 초대총장을 꼽을 수 있을 것이다. 이 대학은 두 채의 하숙집 건물을 개조해 시작되었고 직원들은 비누상자 같은 것을 책상대용으로 놓고 사무를 보았다. 그 당시 볼티모어의 신문들이 판잣집에서 무슨 대학이 제대로 되겠느냐고 비꼬았지만, 길만 총장은 "그런 말이 나오기를 기다리고 있었다"고 태연했다. 그는 대학 발전에 관해 거창한 계획을 제시한 것도 없었다. 묵묵히 대학을 가꾸어 오늘의 명문 존스 홉킨스대학을 이룩했다. 존스 홉킨스대학의 돌연한 출현과 놀라운 성장은 하버드대학과 예일대학을 자극했고 시카고대학은 존스 홉킨스대학의 운영방식을 모방하려고 했다.

우리나라 대학총장 가운데는 길만 총장의 유형도 있고 샤를 뮌슈처럼 격정적으로 대학을 이끈 총장도 있다.

어떤 유형이든 간에 대학총장은 교수의 수장(首長)이 아니고 CEO이면서 사단장이나 교향악단 지휘자 같은 자리다.

대학 총장은 이런 자리이기 때문에 미국에서는 선거로 대학총장을 뽑는 일이 없다. 그것은 주립대학이나 사립대학이나 마찬가지다. 극소수의 사립대학에서는 설립자나 재단(주로 기독교 또는 가톨릭재단)이 총장을 지명하고 대부분의 대학은 인선위원회의 복수 추천을 받아 이사회가 결정한다.

총장 인선작업은 총장임기 6개월~1년 전부터 시작된다. 후보인선은 인력전문회사(헤드헌팅 회사)나 인력추천의 경험이 있는 로펌에 위탁된다. 비용은 적게는 30만 달러, 많게는 1백만 달러를 넘게 쓰는 대학도 있다. 대학에 따라서는 이 추천작업을 돕기 위해 대학의 이사·교수로 구성된 위원회를 구성해 후보추천회사의 자문에 응하기도 한다.

대학총장이 재정운영의 실책이나 그 밖의 불미한 일로 중도

하차하는 경우가 있고, 총장대행체제로 운영되는 경우가 간혹 있지만 총장을 선거로 뽑자는 얘기는 나온 적이 없다.

이와는 달리 일본에서는 극소수의 사립대학을 제외하고 국립대학을 포함한 거의 모든 대학이 교수회에서 총장을 투표로 선출한다.

교수 과반수 출석에 투표인 과반수 득표로 총장이 선임되는데, 정족수가 안 되면 연구실에서 실험에 열중하고 있는 교수, 시내에 볼일 보러 나간 교수를 불러대느라고 투표시간이 오래 걸린다. 또 과반수 득표가 없을 때는 다수득표 두 사람에 대한 결선투표를 행하는데 결선투표에서 같은 표수가 나왔을 때, 제비뽑기로 총장을 결정한 난센스 드라마도 있었다(1988년 동경대학). 이 사건이 세계 대학가의 비웃음을 산 건 말할 것도 없다.

일부대학에서는 교수뿐 아니라 행정직 직원대표(각 학부 교수의 평균인원과 동수의 직원)가 투표에 참여케 하고, 또 다른 일부대학은 총장 전형위원회(이사 · 교수 · 직원 · 학생 · 동문회 대표로 구성)가 추천한 후보에 대해 전체교수들이 투표를 하기도 한다. 어쨌거나 일본의 대학에서는 총장선임뿐 아니라 교수임용 등 중요한 사항에 대해 교수회가 결정적 권한을 갖고 있다. 교수회는 어떤 책임도 지지 않으면서 권한이 막강한 것이다.

일본에서 대학 총장의 선거제가 오래 전부터 전통으로 이어져 온 데는 배경이 있다. 교토제국대학(지금의 교토대학)에 "사와야나기" 사건(1913년)이 있었는데, 이 사건은 사와야나기(澤柳) 총장이 교수 7명에게 사표를 내라고 밀어붙인 데서 시작되었다. 단과대학 교수들의 의견도 묻지 않고 교수를 일방적으로 면직하는 것은 대학자치에 어긋난다고 해서 법과대학 교수전원이 사표를 냈다. 이 문제수습에 동경제대 교수가 나서 문부대신(교육부장관)과 절충 끝에 "교수 임면에서 총장은 교수회와 협의하는 것이 타당하다"는 각서를 교환했고 이것이 대학자치로 가는 계기가 되었다.

결국 사와야나기 총장이 사임했고 정부는 총장을 임명하지 않은 채 도쿄제국대학 총장을 교토제국대학 총장으로 겸임발령을 했다.

그 몇 년 후 교토대학·도쿄대학을 필두로 7개 국립대학이 차례로 총장을 교수들이 뽑기 시작했으며 그 바람은 사립대학으로도 번졌다. 이 전통은 몇 차례 시련을 겪었으나 아직도 이어지고 있지만, 또 내부에서도 총장선거제의 비판은 끊임없이 나왔다.

인기투표 같은 선거에서 과연 경영능력이 제대로 검증될 수 있느냐, 연공서열, 또는 학내 권력투쟁으로 총장이 선출되는 것은 아니냐, 민주주의가 제대로 뿌리내리지 않았는데 대학이 사이비민주주의에 안주하고 있는 것이 아니냐는 의문이 제기된 것이다. 최근에는 일본의 대학을 망친 것이 바로 '책임은 안 지고 권한이 큰 교수회'이고 '총장선거제'라는 반성의 소리가 커지고 있다.

바람직한 총장선임제도는 어떤 것일까. 재단이사회가 선임하더라도 그 이사회가 이사장이나 설립자의 절대적 영향하에 있다면 그것은 곤란하다. 절대적 영향하에 있지 않더라도 이사회 구성은 명망가라든가 학식 있는 사람으로 구성되는, 말하자면 점잖은 조직인 경우가 많아 까다로운 인사검증도 걸맞지 않고 선임에 대한 도덕적 책임도 따지기 어렵다.

전체교수 또는 교직원 선거에 의한 총장선임은 사이비민주주의이고 학내의 파벌조성과 권력투쟁을 유발할 뿐이다.

결국 미국대학식의 총장선임방식을 눈여겨볼 필요가 있다. 그 선임과정의 특징은 후보추천을 의뢰받은 회사가 후보자의 인사검증자료뿐만 아니라 인터뷰자료까지 이사회에 제출하는 것이고, 이사회도 후보자를 인터뷰하는 대학이 많다.

그런 과정을 거친 선임결과를 보면 총장은 교내보다 외부에서 영입되는 경우가 많고, 학문적 업적보다 행정능력, 대학발전기금을 모을 능력 등 경영자로서의 리더십이 주로 참작되고 있다. 대학의 생존과 경쟁을 위해 이보다 더 중요한 인선기준이 어디 있겠는가. 총장직선제를 외치는 교수에게 '님' 자를 붙이고 싶지 않은 이유는 여기에 있는 것이다.

뜨거운 감자, 학과조정

대학의 학과조정은 대학개혁의 일환이다. '개혁'은 무엇인가. 혁명처럼 피를 흘리는 것은 아니지만 단순한 변화도 아니다. 변화를 위한 힘의 작용이다. 그것은 위기를 극복하기 위한 또는 발전을 위한 노력이다. 인위적 변화를 도모하는 것이기 때문에 불가피하게 저항과 희생이 따른다.

개혁에는 제도개혁과 조직개혁이 있다. 역사는 어느 의미에서 개혁의 연속이며, 뒤집어 말하면 개혁은 역사의 순리이다. 개혁은 생존과 발전을 위한 몸부림이기 때문에 개혁의 노력이 없으면 정체와 소멸이 있을 뿐이다.

개혁은 어느 분야에서나 지속적으로 이루어지고 있다. 경쟁에 이기기 위해, 시대적 변화에 적응하기 위해, 혹은 시스템의 효율성을 높이기 위해 개혁은 계속되어야 한다.

개혁에 둔감했다가 위기를 맞은 예가 바로 우리나라가 1997년에 겪은 IMF사태다. 한국금융기관의 생산성은 선진국 금융기관의 생산성의 5분의 1, 10분의 1이었다. 제도적으로(외환수급), 구조적으로(방만한 조직운영) 개혁의 의지가 있었다면 IMF사태를 피할 수 있었을지 모른다.

개혁에 둔감했던 결과는 무엇인가. 수많은 기업이 자금난으로 도산하고 은행은 수천 명씩 감원해야 했다. 국가도산을 막기 위해 장롱 속의 금을 내놓자는 국민운동도 전개되었다.

IMF사태 당시에는 생소했지만 지금은 일상화되어 버린 단어가 있다. '퇴출'(워크아웃)과 이를 위한 '구조조정'이다. IMF사태는 모든 부문에서 '경쟁'을 일깨웠고 구조개혁을 통한 경쟁력강화를 생존의 기치로 내걸도록 하고 있다.

대학개혁은 왜 거론되는가.

대학은 오랫동안 안주해 왔다. 교육열 때문에 대학의 문은 좁았고 대학은 학생충원에 어려움이 없었다. 국가경쟁력 강화를 위해 정부는 교육재정 지원에 막대한 예산을 투입했다.

BK21 지원사업, 대학특성화 사업, 주문식 사업, 연구중심대학 육성사업, 지방대학 육성사업, 기초학문 육성지원사업 등 이루 헤아릴 수 없는 지원을 받아 대학의 재정운영은 어려운 일이 아니었고, 교수들은 여유롭게 연구활동을 할 수 있었다.

이 태평스러운 환경에 큰 변화가 오기 시작했다. 첫째는 입학자원의 감소, 둘째는 대학지원의 수도권 집중화현상, 셋째는 정부재정 지원정책의 잦은 변화 등이다.

대학을 위기로 몰고 간 가장 큰 환경변화는 입학자원의 감소다. 고교졸업생의 절대수가 줄어들자 정원을 채우지 못하는 사태가 온 것이다. 이러한 위기는 인구통계로 이미 예견되었지만, 대학은 미리 대비하지 않았기 때문에 위기는 더 위협적일 수밖에 없다. "문만 열어놓으면 학생은 몰려온다", "학생정원을 늘리고, 강의실을 더 지으면 대학은 성장한다"는 것이 대학의 자세였다. 그 현실이 깨어지면서 이제 살아남기 위한 노력 없이는 대학도 죽을 수 있다는 시기가 다가오고 있다.

생존과 발전을 위한 경쟁에 불가피하게 논의되는 것이 경쟁력 순위다. 대학의 순위를 말하는 것 자체가 비교육적이라는 견해가 있을 수 있지만, 어차피 대학을 1류, 2류 등 차별적으로 인식하게 되어 있기 때문에 경쟁력 순위는 불가피하다.

우리나라에 SKY(서울대 · 고려대 · 연세대) 라는 말이 있듯이 일본에는 '도쿄또'(東京都) 라는 말이 있다. 이는 도쿄(東京) 대학 1위, 교토(京都) 대학 2위로 순위를 확정지어 초일류대학을 말할 때 쓰고 있다. 미국도 흔히 하버드, 예일, 스탠퍼드 등으로 대학 순위를 말한다.

대학의 경쟁력은 말할 것도 없이 우수한 교수의 확보(교수연구실적), 우수한 학생배출(취업률, 직장평판), 충분한 교육기자재 등으로 평가하고, 경쟁력이 높은 대학(수위가 상위인 대학) 일수록 교육여건의 변화에 영향을 받지 않는다.

그러나 우리나라에서는 수도권 집중이라는 특이한 현상 때문에 경쟁력과 상관없이 서울에서 멀리 떨어질수록 비례적으로 교육여건 변화의 악영향을 받고 있다. 서울대학교를 정점으로, 인서울(*In Seoul*) 대학, 서울 교대(서울교외에 있는 대학), 서울 상대(서울에서 상당히 떨어진 대학), 서울 동대(서울에서 동떨어진 대학) 라는 말까지 생겨났다. 서울 상대, 서울 동대는 위기에 대처하는 과감한 개혁이 더 절실하게 된 셈이다.

대학개혁은 여러 측면에서 고려될 수 있다. 대학 자체의 통폐합, 대학 내의 학과구조조정, 사회적 수요변화에 맞추기 위한 교과과정의 개편, 적정수준의 전임교원 확보를 위한 교원인사, 대학운영의 시스템을 효율화하기 위한 행정조직의 구조개혁, 시설 및 설비투자를 통한 교육환경의 혁신 등이 그것이다.

이 가운데 대학간 통폐합과 학과구조조정은 가장 어렵고, 또 가장 중요한 과제다.

4년제 대학과 전문대학을 함께 운영하고 있는 K법인은 2년 전에 전문대학을 종합대학교와 통합했다. 몇 년 후에 다가올 교육여건 변화에 미리 대응하는 조치였지만, 통합과정에서 큰 진통을 겪었다. 통합반대운동이 격렬했기 때문이다.

정부도 국공립대학의 통폐합 또는 학과조정을 시도하고 있으나 큰 저항에 부딪쳐 제대로 성과를 거두지 못하고 있다.

많은 대학의 학과구성을 보면 백화점식이다. 사회적 수요가 있다 하면 새로운 학과를 경쟁적으로 신설하고, 특성화된 인기학과가 있는 대학조차도 그 학과를 집중육성하기보다는 이를 기회로 그 과를 종합화해 왔다. 유사학과로 이름을 바꾸거나 인기학과를 내세워 가망 없는 학과를 끼워 넣어 짜깁기하는 종합화다.

학과신설이나 학과종합화는 어려운 일이 아니다. 전공교수를 새로이 채용하거나 유사학과 교수가 직무전환 교육을 받고 강의를 담당하면 된다.

문제는 경쟁력이 없는 학과를 통합하거나 폐과하는 일이다. 경쟁력이 없다는 것은 학과 지망생이 적어 정원에 많이 미달되거나 학과운영이 잘못되어 학생이탈률이 높다는 것이다.

대학에서 한 학과의 부실·몰락은 해당학과의 부실·몰락에 그치지 않고 다른 학과의 부실·몰락을 동반하여 대학 전체의 위기를 야기한다.

학과의 구조조정은 단순한 통폐합이나 폐과 이외에도 정원조정을 선행시키는 경우가 있다.

많은 대학이 학과구조조정을 진행한다. 한양대학교는 서울캠퍼스와 안산캠퍼스의 독문학과를 통합하여 정원을 절반 가량으로 축소하기로 했다. 동국대학교는 독문학과, 물리학과, 사회학과, 전기공학과의 입학정원을 15%줄이고, 기계공학과, 윤리문화과, 수학과, 철학과의 입학정원을 10% 줄이는 대신,

컴퓨터공학과, 경영학과, 전자공학과의 입학정원을 상향조정하기로 했다. 정원조정은 강도가 가장 낮은 구조개혁이다.

순천대학교의 경우 화학과, 물리학과, 생물학과 등 자연과학대학의 학과를 없애고, 농생명과학대학으로 통합하여 생명산업학과를 신설했으며 농생명과학대학 내 유사 9개학과도 통폐합했다. 건국대학교의 경우 전공학생이 감소하고 있는 히브리·중동학과, EU문화정보학과를 2009년부터 폐지하기로 했고, 2007년부터 독어독문학과의 신입생을 모집하지 않는 단국대학교는 그 과 재학생이 졸업하면 학과를 폐과하기로 했다.

학과조정의 기준은 대학마다 조금씩 다르지만 일반적으로 재학률, 제적률, 취업률, 입학경쟁률, 등록률, 입학성적수준 등이 기준이 된다.

학과조정은 대학의 의지로, 객관적 기준에 따라 시행되지만 해당학과에서는 그 같은 대학의 의지와 기준에 대해 이의를 제기하기 때문에 학과조정은 뜨거운 감자다.

끈질기게 학과조정에 반대하는 것은 해당학과의 교수다. 교수 자신의 위치가 흔들리기 때문이다.

학생, 학부모, 졸업생의 저항도 있지만 이는 거의 교수의 부추김 때문인 경우가 많다. 자기가 속한 학과가 없어지는 것을 환영할 학생은 없다. 그러나 존속되기 어려운 학과를 학생이나 졸업생의 뜻에 따라 출혈 유지할 수는 없는 일이다.

교수의 입장은 학생·졸업생보다 훨씬 심각하다. 학과가 폐과되면 설 자리가 없어지기 때문이다.

교수의 적정수는 이공계 학생 20명당 교수 1명, 인문사회계는 학생 25명당 1명이다. 정원 1백 명이면 전임교원의 수는 4~5명이 적정수준이다. 지원학생이 줄어들고, 입학생 중에서도 이탈이 많아 1백 명의 학생이 20명으로 줄어든 사태라면 그 학과 운영이 어떻게 가능하겠는가.

학과조정에 반대하는 논거에는 여러 가지가 있다. 공부하겠다는 학생이 하나가 있어도 가르쳐야 되는 것이 교육의 도리가 아니냐는 것, 지원학생이 적다고 해서 폐과를 하는 것은 학문 말살행위나 다름없다는 것 등이다.

그러나 사립대학의 운영은 자선사업이 아니다. 사회적 수요에 맞추어 인재를 양성해야 하기 때문에 그 수요에 맞는 공급체제를 갖추어야 한다. 그 공급체계에 따라 학문연구의 폭도 필연적으로 변화할 수밖에 없다. 기초학문을 위한 학과의 운영은 국가예산으로 뒷받침되는 국립대학에서 선택할 문제인지도 모른다.

학과 구조조정 과정에서 많은 대학들이 진통을 겪는다. 본질적으로는 교수가 자기자리를 지키려는 이기주의에서 생겨나는 진통인데 구실은 다른 것을 앞세운다. 흔히 학과조정의 절차가 잘못되었다는 것을 핑계삼는다. 학과소속 교수의 의견을 들었어야 한다, 시간적 여유를 두었어야 한다, 학과조정위원회 같은 심의기구의 합리적 심의를 거쳤느냐는 등의 시비다.

학과조정의 결정기준은 객관적 수치로 나온다. 그 수치를 뒤집을 논리는 나올 수가 없다. 그럼에도 불구하고 구차한 구실을 앞세운 농성·데모가 일어나고, 학과조정을 주도하는 대학 운영주체에 대한 중상모함을 일삼는다.

우리나라에서 농기계를 생산하는 어느 기업이 경쟁에 견디지 못해 구조조정에 착수했다. 이에 노조가 격렬히 저항했고 회사는 적자운영을 계속할 수 없어 직장을 폐쇄했다. 회사의 파산절차를 밟기 위해서였다. 노조는 직장폐쇄를 반대하는 농성을 벌였으나 아무 소용이 없는 일이었다.

대학도 개혁을 못하면 살아남을 수가 없다. 저항을 이겨내면서 지속적으로 구조조정을 해 나가야 한다.

국립대학의 법인화 문제

소련이 개방되기 전, 모든 산업은 국유로 운영되고 시장경제의 개념이 전혀 없던 시절에 이런 일이 있었다고 한다. 어느 도시에 구두가 배급되었는데 왼발 구두만 많고 오른쪽 구두는 적어서 반밖에 신을 수가 없었다는 것이다. 사회주의경제를 비꼬아 만든 이야기일지 모르지만, 구두의 사이즈를 소비자에게 맞추어 공급하기는 실제로 어려웠을 것이 틀림없다.

사회주의경제까지 갈 것 없다. 우리나라 공기업이 비슷하다. 대한준설공사라는 국영기업이 있었다. 강바닥의 모래를 긁어 올리는 준설선에는 평균 8명의 선원이 있었다. 이 회사가 민영화되면서 준설선의 선원은 평균 3명이 되었다.

일본에는 국립대학이 86개 있다. 국립대학 교수는 국가공무원 신분이었고 근무도 공무원 근무규정에 따라 9시 출근, 5시 퇴근이었다. 실제로 그럴 필요가 없었으나 서류상으로는 그렇게 만들어 놓았다.

대학에서 필요한 것은 학생을 어떻게 교육하느냐와 연구실적을 어떻게 높이느냐이고, 그를 위해 대학 간 경쟁이 자연히 생기는 것이다. 경쟁은 염두에 둘 필요 없이 신분과 근무규정 따위가 중요했던 곳이 국립대학이었고 그래서 국립대학의 개혁은 필연이었다.

일본은 2001년부터 국립대학의 법인화 작업을 시작해 2004년 4월, 국립대학 모두를 법인으로 전환했다. 정부가 운영하는 대학은 공기업처럼 경쟁력을 가질 수가 없는데 그렇다고 전적인 민영화로 전환하기도 어려워, 정부기구와 민간기업의 중간 성격을 지니는 제 3섹터(*Sector*)가 바로 대학법인이다.

대학법인화를 통한 국립대학 개혁방향은 세 가지다. ① 국립대학의 재편 및 통합, ② 국립대학 경영에 민간기업 기법 도입, ③ 평가에 의한 경쟁원리 도입이다.

이 같은 기본방향에 따라 새로운 제도가 많이 시행되고 있다. 그 가운데 중요한 것은 ① 예산·조직 등의 행정규제는 대폭축소하고 대학책임으로 결정한다, ② 법인이사나 경영협의회, 총장선발위원회에 외부인사가 참여한다, ③ 전문가와 민간인이 참가한 대학평가기구가 모든 대학을 평가한다, ④ 대학은 자체의 교육·연구실적을 제3기관에 의해 평가토록 하고 그 평가의 결과를 대학의 자원배분에 반영한다는 등이다.

일본의 이 같은 대학개혁은 착수한 지 4년이 되었으나 큰 부작용 없이 개혁작업은 계속 진행되고 있다.

개혁작업에 따라 여러 가지 변화가 일어나고 있는데 중요한 것만 간추리면 첫째, 대학운영제도가 교수회 중심의 보텀업(*Bottom Up*)형에서 학장을 중심으로 한 보텀다운(*Bottom Down*)형으로 바뀌고 있다. 둘째, 국가로부터의 일률적 경직성 자금지원은 줄어들고 경쟁적 자금지원은 늘어나는 경향이다. 셋째, 과거의 국립대학이 다각적인 면에서 사립대학과 경쟁해야 할 입장이 되었으며 대학법인화 이후 대학구성원이 그 인식을 높이게 되었다.

말레이시아와 태국은 일본보다 한 발 앞서 대학개혁에 착수했다. 말레이시아는 이미 1998년에 국립대학의 법인화 조치를 취했다. 법인화는 경영·재정·인사에 관한 자율적 권한을 대학에 주어 대학운영의 효율성을 높이기 위함이었다. 법인화 이후 대학운영비의 10%를 자체조달하고 있으며 2010년까지 30%를 자체조달케 할 계획이다.

태국도 1999년에 모든 국공립대학을 자율경영대학(*Autonomous University*)으로 전환하는 입법을 했다. 자율경영대학은 경제개념이 도입된 형태의 대학운영 모델이며, 현재 태국의 국립대학은 법인화와 같은 내용의 자율경영대학으로 전환중에 있다. 전환이 단시간 안에 이루어지지 못한 것은 많은 교수들이 신분의 불안으로 대학개혁에 저항했기 때문이다. 그러나 대학의 질적 향상을 위한 대학개혁이 필요하다는 논리를 이길 수 있는 저항의 명분이 없다. 그래서 자율경영대학으로의 전환은 순조롭게 이루어지고 있다.

우리나라의 경우는 어떤가.

국립대학의 법인화가 필요하다고 널리 인식되고 있기는 하지만 그 개혁은 착수도 못하고 있다. 2007년 6월 〈국립대학 법인의 설립·운영에 관한 특별법〉 안이 정부 제안으로 국회에 넘겨져 있으나 국회는 심의 일정조차 못 잡고 있다.

개혁작업이 부진한 이유는 몇 가지 있다. 첫째는 국립대를 법인화하겠다는 정부의 의지가 확고하지 못한 것, 둘째는 국회의 태만, 셋째는 〈국립대학 법인화 반대 공동투쟁위원회〉라는 것이 생겨 반대운동을 펴고 있으며 야당이 이 반대운동에 동조하고 있는 점 등이다.

이 법안은 국립대학을 국가로부터 독립된 법인형 조직으로 개편함으로써 인사, 재정, 조직운영에 있어 자율성을 갖게 하고, 학내구성원 위주의 폐쇄적 운영체제로부터 외부인사의 참여가 보장되는 개방형 운영체제로 전환하도록 하는 것이다.

법인화 특별법이 제정 · 시행되면 대학의 지배구조에 큰 변화가 온다. 그 주요 내용은 다음과 같다.

① 이사회에서 선출된 총 · 학장이 국립대학 법인을 대표하며 교직원의 인사권, 예산 집행권을 행사한다.

② 의결기구인 이사회는 15인 이하로 구성된 당연직 이사는 총 · 학장, 교육부 추천인사, 기획예산처 추천인사, 소재지관할 지자체 장 또는 추천인사, 동창회대표 또는 추천인사, 교육연구위원회의 장, 재무경영협의회의 장 등 7인

이며 다른 이사는 이사회에서 선임한다.

③ 대학 내 심의기구로 교육연구위원회(교원)와 재무경영협의회(학내외 인사)를 설치 운영한다.

④ 총·학장의 선임은 이사회 산하의 총·학장 추천위원회가 2~3인의 후보를 선출하고, 이사회가 1인을 선임하여 교육부에 임명을 제청하는 등이다.

우리나라의 국립대학은 45개(교육대학 11개, 전문대학 3개 포함), 학생 수는 약 70만 명(전체 대학생의 약 28%)이며, 교수는 약 2만 명(전체 대학교수의 약 30%)이다.

일부 국립대학이 교육의 질을 높이고 연구실적을 올리기 위한 여러 가지 노력을 하고 있는 것이 사실이지만 전반적으로는 대학운영이 매우 방만하다. 그 방만성은 체제와 관행상 체질화되어 있다고 보아야 한다.

국립대학 운영의 방만성, 비효율성은 여러 가지로 입증할 수 있을 것이다. 예산운영 면에서 설명할 수 있고, 경쟁력으로도 설명할 수 있을 것이다. 또 조직으로도 입증된다.

가장 규모가 작은 국립대학과 가장 규모가 작은 사립대학의 구조를 살펴보면 다음과 같다.

	학생정원	재학생	교 수	직 원	조 교
국립 M대학교	1,680명	약 800명	118명	55명	23명
사립 T대학교	1,064명	약 600명	22명	26명	

사립 T대학교의 조직구조가 사립대학 조직의 모범답안은 아니다. 그러나 그 조직은 여건변화에 따라 유연성을 가질 수 있다. 그러나 국립 M대학의 경우를 사립대학과 비교해보면 그 조직의 방만성이 한눈에 들어오며, 교육여건의 변화에 따른 조직개편의 유연성도 기대하기 어렵다.

국립대학이 법인화될 경우 조직개편은 불가피할 것이다. 법인화반대운동은 바로 이것에 대한 불안 때문에 시작된 것 같다.

법인화 반대론자의 논지에는 ① 총장에게 권한이 집중되고, ② 이사회에 학외인사가 참여해 대학자치가 위협받는다, ③ 조직의 대폭감축과 유연한 노동력을 명분으로 고용형태가 파괴되고, ④ 성과달성을 위한 살벌한 경쟁분위기가 조성되어 교수회나 직원노조의 단결력이 붕괴된다는 주장이 포함되어 있다. 대학도 경쟁해야 된다는 인식은 전혀 배제되고 있으며 고용안정만이 강조되고 있는 것이 역력하다.

우리나라의 국립대학은 대부분 국립학교 설치령으로 설립되었고, 한국예술종합학교를 포함한 8개 대학은 개별학교 설치령으로 설립되었다. 이들 대학은 모두 행정기관형 대학이며 법인화가 거론되는 대학은 이 대학들이다.

특수법인형 대학도 4개 있다(한국과학기술원 · 광주과학기술원 · 한국학중앙연구원 · 울산과학기술대학). 이들 대학은 각기 별도의 법률에 의해 설립되었다.

이 밖에도 중앙정부가 별도의 특수법인을 설치하고 그 법인이 학교를 설립한 경우가 있다. 산업인력공단법에 의한 기능대학, 한국개발연구원의 국제정책대학원, 정보통신부가 설립한 한국정보통신대학교 등이 이에 해당된다. 이들 대학이 국립대학인지 특수대학인지에 대해서는 논란이 있다.

특별법에 의한 법인형 대학이나 정부부처에 의한 특수법인 대학은 설립목적이 있어 법을 제정한 후 설립되었다. 그러나 기존 국립대학을 법인화로 전환하는 데는 저항이 있어 그 작업은 부진한 상태다. 그뿐만 아니라 시립대학의 국립대학화 또는 법인화를 전제로 한 국립대학화도 순탄치 않다.

인천대학의 경우가 그 예다. 인천대학은 원래 사립대학이었다. 학내에 문제가 있어 1994년부터 인천시가 운영을 맡아 왔는데 인천대학에 대한 시의 전입금은 매년 2백억 원 이상(시예산의 0.62%)으로 인천시로서는 늘어나는 전입금이 부담스러웠다(학생 수가 비슷한 서울시립대학의 전입금은 5백억 원이 넘으며, 이는 서울시 예산의 0.35%).

이런 배경에서 인천대학교의 국립화 또는 법인화 문제가 제기되었다.

- 2003년 11월 : 인천시 의회는 인천대 국립화 또는 서울대 인천분교 유치 등 〈국립대학 유치 촉구 결의안 채택〉
- 2003년 11월 : 인천시와 교육인적자원부의 인천대 국립화 전환 1차 실무자 접촉
- 2004년 3월 : 시립 인천대학교의 국립화 추진을 위한 범시민추친협의회 결성

- 2004년 12월 : 인천대학교의 국립대 전환 촉구 3인(인천시장, 인천시의회의장, 인천대학교 총장) 공동명의 청원서 국회제출
- 2005년 4월 : 인천대학교 국립대학 전환에 대한 시민 인식조사에서 82.9%의 시민이 〈찬성〉
- 2005년 9월 : 교육인적자원부, 인천대학교를 국립대학 특수법인 형태로 전환하는 특별법 입법을 추진하겠다는 계획을 발표(2008년까지 법안은 국회에 제출되지 않음)
- 2005년 10월 : 전국국공립대학 교수연합회, 전국교수노동조합, 전국대학 노동조합, 민주화를 위한 전국교수협의회, 전국공무원노동조합 교육기관본부 등 5개 단체는 국립대학 특수법인화 반대시위를 벌였으며 〈국립대법인화 저지와 교육공공성강화를 위한 공동대책위원회〉를 구성.

시립대학의 국립화 또는 국립대의 법인화 논의의 당사자인 인천대는 어떤 입장인가. 인천대 총장은 국립대 전환을 촉구하는 입장을 명백히 했으나(2004년 12월), 인천대 교수협의회는 입장을 달리하는 설문조사 결과를 발표했다(2005년 10월). 교수

협의회가 인천대 교수를 상대로 법인화에 대한 설문조사 결과는 "인천대학의 법인화를 전제로 한 국립대 전환에 찬성하십니까?"는 설문에 찬성은 24명(25%), 반대는 71명(74%)이었다.

인천대의 국립대 전환에 대한 시민여론조사는 몇 차례 있었는데 찬성은 최저가 82.9%, 최고는 88%였다. 국립화 촉구 시민서명운동에는 짧은 시간 내에 130만 명이 서명했다.

인천대학 교수와 인천시민의 생각의 차이가 너무 큰 데에 놀라지 않을 수 없다. 인천대 교수들은 인천대의 국립대 전환이 교직원들에 의해 지연 또는 좌절되었다는 인식이 지역사회에 확산된다면 인천대에 대한 부정적 여론이 형성될지 모른다는 점과, 그럴 경우에 인천대의 장기적 발전에 지장이 클 수 있다는 점을 우려하고 있다.

운영이 어려운 시립대학을 법인화를 전제로 한 국립대로 전환하는 것을 반대하는 것은 현재의 행정기구형 국립대학을 현재의 체제로 존속시키자는 주장과 맥락을 같이한다. 이런 주장은 국민들이 신을 신발도 제대로 만들어내지 못하는 사회주의 체제의 신발공장을 그래도 국유화 상태로 두자는 이야기와 비슷하다.

북한의 근로자와 함께 일해 본 한국의 기업인은 북한 근로자들에게 근로의욕이라는 것이 전혀 없는 데에 놀라고 있다. 일을 열심히 하건 말건, 임금과 식량배급량은 똑같다. 인센티브라는 것은 제도적으로 존재하지 않는다. 경쟁의 개념도 없다.

방만하게 운영되는 공기업이 경쟁 없는 무풍지대에 안주하듯이 국립대학이 안주할 가능성은 없는가. 그럴 위험이 있다면 국립대학은 개혁되어야 한다. 국립대학 법인화는 그 개혁의 방편이다.

스위스 국제경영개발원(IMD)의 2008년 세계 경쟁력 연차보고서에 따르면 한국 대학교육의 질적 수준은 평가대상국 55개국 중 53위다. 이 처참한 상황에 대해 우리나라 대학인은 그 심각성을 얼마나 인식하고 있을까. 경쟁력을 높이기 위한 외국대학의 개혁노력에 대해서는 어느 정도의 정보를 가지고 있을까.

2008학년도에 입학정원의 70%도 못 채운 대학은 수십 개다. 입학자원의 감소로 많은 대학이 생존의 위협에 직면해 있다. 사립대학은 이 위협을 극복하기 위해 필사의 노력을 하고 있는데, 국립대학은 여건변화에 대응할 체제를 갖추고 있는가. 경쟁력을 높이고, 위기에 대처할 체제정비를 국립대학이라고 외면할 수는 없다. 국립대학의 법인화는 바로 이 점에서 절실한 과제인 것이다.

아카데미즘과 저널리즘

대학과 교수사회가 다른 조직에 비해 폐쇄적이라는 성격 규정에 대해 반론을 제기할 사람은 많지 않을 것 같다. 그렇다면 개방적이고 사회성이 강한 조직과 직업은 무엇일까. 우선 언론사와 기자를 생각할 수 있다.

학문과 언론이 사회성·개방성에서 가장 대조적이긴 하지만 유사성도 많다.

첫째, 물질적인 것의 추구를 사도(邪道)로 보는 점에서 학문과 언론의 세계는 유사하다. 돈을 벌기 위해 교수나 기자의 길을 택한 사람은 없다. 산업·경영분야에서 좋은 기술을 발명하거나 획기적 경영성과를 올리면, 특허권이라든가 스톡옵션 같은 경제적 보상이 따른다. 그러나 교수는 훌륭한 논문을 쓰고 주목할 만한 저술을 해도 그것이 금전적으로 평가되지 않는다. 훌륭한 교수로 인정받더라도 경제적 보상은 따르지 않는다.

기자의 경우도 특종기사를 써도 특허권은 없고, 좋은 논설도 금전적으로 평가되지 않는다.

두 번째 유사점 또는 동질성은 비판정신이다. 불합리한 사회현상을 외면하지 않고 분석·비판하는 데 한길을 간다. 정치권력의 부당한 지배, 경제정책, 사회윤리, 보건행정 등 모든 분야에 대해 언론과 학계는 감시와 분석, 처방을 내놓는다.

셋째, 학문·언론은 모두 사회계도(啓導)의 역할을 하고 있다. 교육기관은 단순히 학생들에게 지식을 전달할 뿐 아니라, 사회교육과 문화창달에 기여하고 있다. 언론도 그 기본적 기능에 정보전달의 기능, 오락적 기능뿐 아니라 계도적 기능이 포함된다.

교육기관과 언론기관이 비록 사립으로 운영되더라도 바로 이러한 공공성(公共性) 때문에 다른 사적 기관보다 도덕성과 공익성이 강조되는 것이다.

학문과 언론의 여러 유사성·동질성에도 불구하고 체질과

기능면에서 다른 점이 많다.

첫째, 사회적 현상에 대한 접근과 대응에서 언론의 접근은 즉각적이고 현장주의적이며 또한 공격적이다. 이에 비해 학문은 신중하고 추상적인 경향이 있다. 학문에서 시간은 별로 중요치 않다. 장기적 대응이고 오히려 공간적이다. 어떤 학술지에 발표하고 어떤 학회에 참여하느냐를 중시하는 데서 그것을 알 수 있다.

두 번째, 언론인은 거의 아마추어이고 교수는 전문적이다. 근래에 언론사도 전문기자제를 도입, 확대하고 있으나, 일반적으로는 기초지식과 기본적 판단력, 그리고 기민성을 요구하고 있다. 그러나 학자는 기본지식만으로는 안 된다. 기민성도 중요하지 않다. 과학적으로 분석하고 깊이 있게 판단하는 것이 중요하다. 교수들은 각기 전문가이고 그렇기 때문에 권위주의로 흐를 위험이 있다.

사회적 현상에 대한 언론의 접근이 공격적이고, 시간성이 있다 보니 언론인의 지각(知覺)의 작동, 인식의 틀은 즉각적이고 선행적(先行的)이다. 언론은 문법(文法)에 앞선다. 문법은 말이 있은 후에 생긴 것. 그래서 언론은 우선 쓰고 보는 것이다.

이에 비해 학문은 즉각적인 것을 배척한다. 합리주의를 추구할 따름이다. 그리고 문법을 생각한다.

언론은 귀납적이다. 여러 현상을 수집·종합하는 것이 우선이며 그 종합과 평가에는 객관성이 요구된다. 그래서 언론은 독선주의를 배척하고 일반성·보편성(*generality*)을 추구한다.

이에 비해 학문은 연역적이다. 가치관의 기준을 정해 놓고 사실을 확인하는 경우가 많다. 그래서 제너럴리티가 적고 독선주의로 빠질 우려가 있다.

세 번째, 조직성에 차이가 있다. 언론은 각사마다 편집방침이 있고 지휘체계가 있다. 뉴스의 선택·취재·보도는 기자의 판단만으로 이루어질 수 없다. 뉴스는 미디어 조직에서 카피(*copy*)의 과정을 거치게 되는데 그 과정에서 지휘체계가 불가피하게 작동된다. 그 때문에 편집책임자 혹은 데스크의 역할이 중요하다.

그러나 학문에는 방침도 없고 지휘체계도 없다. 총장·학장은 대학행정에 책임과 권한을 갖는 것이지 학문과는 아무 상관이 없다. 강의계획·연구계획은 교수가 작성하고 강의방식·연구방법도 전적으로 교수가 채택한다. 어느 누구도 간섭하지 않는다. 조직성이 약하다 보니 학내 커뮤니케이션도 미약하고, 학부 · 학과간의 소통과 협조도 없다시피 한다. 심지어 같은 학부 · 학과 교수간의 협의 · 협조가 안 되는 경우도 많다.

학문과 언론의 이 같은 차이점, 이질성에도 불구하고 그 거리는 차츰 좁혀지고 있다고 보아야 한다.

뉴저널리즘은 인베스트게이티브 리포트(*investigative report*)를 강조하고 있다. 단순한 사실의 전달이 아니라 분석 · 연구 · 탐사 · 추적이라는 학문적 자세를 요구하고 있다. 즉각성, 공격성뿐 아니라 합리성을 함께 생각해야 한다는 것이 저널리즘의 새로운 경향이다.

학문의 세계는 어떨까. 깊은 산중의 절이 마을로 길을 내고 사회를 향해 문을 열듯이 학문도 상아탑의 문을 열고 생활 속으로 파고드는 경향이 있지 않나 싶다. 철학은 칸트와 헤겔에 머물지 않는다. 《쉬운 철학》, 《생활 속의 철학》이라는 책제목으로 우리에게 다가오기도 한다. 정치학의 경우, 정치사상 · 정치철학 · 정치제도론도 중요하지만, 그보다 정치심리학 · 정치행태론 · 인물연구 · 리더십연구 등이 더 중요하다는 논의가 제기된 지 오래되었다. 학문의 새로운 경향이 인간중심, 실천적 연구로 옮겨가는 것임을 알 수 있다. 저널리즘과 아카데미즘은 그런 점에서 접점을 넓혀가고 있다. 또 그것이 바람직하다고 볼 수 있다.

미국의 언론인 제임스 레스턴은 선배인 월터 리프먼에 대해 "오늘에 일어난 일을 어제의 역사와 내일의 꿈에 연결시키는 방법을 가르쳐준 사람"이라고 했다.

일본의 언론인 모리 교소(森 恭三)도 이와 비슷한 글을 썼다. "나는 뉴스를 접하거나 신문편집에 관련된 난처한 입장에 처하면 우선 직면한 문제에 관해 2개의 축을 긋는다. 이 사건은 왜 일어났는가, 역사적 배경은 무엇인가 하는 종(縱)의 축과, 이 사건은 오늘의 사회에 어떤 의미를 갖는가 하는 횡(橫)의 축을 긋고 생각한다."

결국 언론인은 프린시플(혹은 철학, 이념, 역사관)을 갖고 있어야 한다는 얘기다. 올바른 기자는 사건을 사건으로 보는 것이 아니라 사건을 역사적 의미에서 파악해야 하고, 사회의 흐름 속에서 보아야 한다는 뜻이다. 사건에 쫓기고, 사건에 묻히고 하면 숲속에서 나무에 치이듯 사건을 사건으로만 보게 되는 게 사실이기 때문에 이 두 사람의 말은 매우 소중하게 지켜야 할 언론의 원칙이고 길이다.

미국의 여러 대학에서 우수교수상(優秀教授賞)을 수상한 역사학교수 켄 베인(Ken Bain) 박사는 그의 저서 *What the Best College Teachers Do*에서 학문의 순수주의를 초월해야 한다는 점을 강조하고 있다. 그는 아카데미즘이 그 전문영역을 넘어 새로운 가치와 목표를 개발해야 한다고 했다. 예를 들어 의과대학 교수는 인격형성과 감정개발의 과제를 기초과학의 수업에 포함시켜 의학연구를 재구성해야 한다는 것이다.

우리나라에서, 저명한 대학병원 의사(겸 의대교수)에게 어렵게 진찰시간을 얻어 진찰받을 경우, 심지어 내과전문의도 환자와 눈 한 번 안 맞추는 의사가 있다. 컴퓨터화면에 나오는 여러 가지 검사결과의 지표 못지않게 중요한 것은 환자의 얼굴색·눈빛·표정·음성일 수가 있다. 의학이 인간을 떠나 있을 수가 없는데 의사가 PC의 화면과 수치만을 상대한다면 그것은 너무 삭막하다.

학생을 핵으로 삼는 교육도 지식의 전달만이 아니라 지식을 습득하는 방식을 가르치는 것이고, 거기에 덧붙여 호기심·창

의성을 높이고, 비판적 사고 · 윤리문제에의 관심 · 역사와 철학에 대한 이해를 돋워야 한다는 것이 새로운 개념이다.

궁극에 가서 과학과 철학이 맞닿고, 예술과 심리학이 맞닿는다고 한다. 아카데미즘과 저널리즘도 차이점이 현격한데도 불구하고 새로운 경향에서 접점이 있어 보인다.

학내 파벌

E제약회사의 K사장은 재혼한 젊은 부인의 오빠를 회사 전무로 앉혔다. 골프장 캐디출신과의 재혼을 반대했던 장남은 이미 부사장에서 방계회사로 밀려나 있었다. 정상적인 외삼촌·조카 사이도 한 울타리 안에서 원만하기 어려운데 날탕 같은 외삼촌·조카가 잘 지내기는 어려운 일이었다. 삐걱거리는 소리가 심심치 않게 재계에 나돌더니 결국 이 회사는 몇 년 후에 망해 버렸다.

이 사건이 있기 조금 전이다. 어느 유수 제약회사의 사장이 경영 2선으로 물러앉을 때, 그 사장은 많은 고충을 겪었다. 부사장이던 장남에게 사업을 승계시키기로 결심했는데, 자회사의 사장을 맡고 있던 사위와 역시 자회사 임원으로 있던 차남을 회사에서 내보내기로 마음을 정했기 때문이다.

이 사장은 가족경영, 그것도 부자간이면 몰라도 형제나 처남 매부가 함께 있으면 사내에 파벌이 생기고 최고경영자에게 구심력이 없어 결국 회사가 망한다고 확신하고 있었다.

멀쩡한 차남이나 사위를 나가라고 말하기는 쉬운 일이 아닐 것이다. 짐작컨대 딸은 울고불고할지 모르고 부인도 "하루아침에 사위를 길에 내쫓을 수 있느냐"고 펄쩍 뛸지 모른다.

사장은 끝내 자기소신대로 회사의 조직계통을 일원화했고 그 회사는 계속 성장하고 있다.

사학도 마찬가지인 것 같다. 사학의 내부분규는 가족경영에서 빚어지는 경우가 많다. 대학은 영리단체가 아닌데도, 특별한 이해상충이 없는데도 그렇다.

D대학은 형이 이사장, 동생이 재단이사로 있었는데 교직원들이 이사장파와 이사파로 심각한 갈등을 빚었다. 그 재단은 재산이 많아 부동산 관리회사를 갖고 있었는데 그 회사의 경영권 행사와 관련해서, 그리고 교직원 승진이나 보직교수 선임에서 형제간 의견이 갈리게 된 게 아닌가 싶다. 어쨌거나 이 대학은 그 분규 때문에 관선이사가 맡아서 운영하는 불행을 겪었다.

K대학은 아버지가 이사장, 장남이 총장, 차남이 대학원장을 맡고 있었다. 교직원들은 3파로 갈려 있었다고 한다. 그들 형제간 의는 좋은데 부인끼리 사이가 좋지 않아 집안에 금이 가기 시작했다는 소문까지 돌았다. 결국 인사파동을 겪고 말았다.

S대학의 설립자는 장남에게 대학을 넘겨주고 차남에게 재단이 운영하는 기업체를 맡겼다. 교육법상 학교법인의 이사장과 이사는 급여를 받지 못하게 되어 있다. 이 때문에 형인 이사장은 동생인 기업체 사장에 비해 씀씀이가 불편했을지 모른다. 그래서인지 장남인 이사장은 기업의 운영권 참여를 요구했고 그것이 거절되자 대학 설립자인 어머니를 고소했다. 심지어 학교박물관에 있던 미술품을 어머니가 가져갔다고 해서 그 반환 소송까지 추가했다. 대학은 시끄러워졌고 급기야 관선이사가 파견되는 지경에 이르렀다.

또 다른 S대학은 사위가 총장, 장남이 기획 · 인사 · 재무를 관장하는 사무국장을 맡고 있었다. 부총장급인 사무국장이다 보니 총장에 줄서는 교수와 사무국장에 줄서는 교수가 막상막하였다. 가관인 것은 양쪽으로 왔다갔다하는 교수도 있다는 점이다. 그냥 왔다갔다하는 것이 아니라 총장에게는 사무국장 험

담을 하고 사무국장에게는 총장의 약점을 들추어 비판하곤 했다. 어느 교수와 술을 자주 마시는데 2차는 여자가 있는 집으로 가서 추태를 부리고, 그 술값은 누가 내고…, 흥미롭게 포장해서 이야기를 하게 된다. 그런 상황이 물론 오래 계속될 수는 없다. 어떤 형태로든 수술이 불가피하다.

여러 형태의 알력과 분규가 있는 것은 지성인의 집단이라는 대학으로서 참으로 부끄러운 일이다. 심하게 이야기하자면 기업체에 몇 사람의 대학교수가 있으면 내분에 시달려 그 회사는 은행관리로 넘어갈 것이라는 이야기까지 할 수 있다.

대학교수는 정말 줄서기에 능하고, 파벌 만들기를 좋아하는가. 결코 그런 것은 아니다. 대부분의 교수들은 학내 권력에 관심이 없고 학내 보직을 탐하지 않는다. 단지 교수'님'일 뿐이다. 열에 한 사람, 스물에 한 사람 정도가 줄을 서서 장난치고 명예욕 때문에 학내 보직에 집착을 한다. 이런 속물교수 때문에 대학의 물이 흐려지고 대외적으로 대학의 명예가 실추되는 일이 허다하다.

어느 조직이든 내부갈등과 파벌은 있게 마련이다. S그룹에서는 2인자인 비서실장이 S대학 동문만 편파적으로 중용한다는 말이 많더니 다음 비서실장은 다른 부문 출신은 무시하고, 승진이나 보직에서 관리부문 출신만 우대한다고 해서 내부 불만이 컸었다.

기업, 관청, 공공단체 할 것 없이 모든 조직은 크고 작은 내부갈등을 안고 있다. 그 갈등을 최소화하지 않으면 그 조직은 갈등은커녕 존립까지 위태로워진다.

대학도 예외는 아닌 것 같다. 교육기관인 대학, 최고 지성인의 집합체인 대학에서는 학생의 교육·지도가 절대명제이고, 모든 사안은 합리적으로 처리되고, 그래서 세속적이 아닌 지성적 분위기가 조성될 법한데 그렇지 못한 것은 안타까운 일이다.

대학 내의 파벌은 다양하다. 대학 실세에 줄을 서는 권력지향형 파벌, 대학이나 고등학교 동문끼리의 학맥, 입사시기(교수임용시기)에 따른 텃세 등이다.

사람들 사이에 친소(親疎) 관계는 있게 마련이다. 그 '친'(親)을 악용하거나 '소'(疎)를 '친'으로 발전시킬 노력은 않고, '소'를 오히려 적대시하거나 배타적으로 보기 때문에 조직 내에 문제를 일으키게 된다.

어느 대학에서 S교수에게 불미한 일이 있어 징계를 받게 됐다. 징계절차가 진행중일 때 한 여교수가 총장을 만난 자리에서 "S교수가 징계된다는 소문이 있는데 사실이냐"고 눈이 둥그레졌다. 총장의 대답은 경징계가 아니라 해임이나 파면될 것이라고 했더니 이 여교수는 더욱 놀랐다. 상상도 못한 일이라고 했다. 그 이유는 같은 평교수이면서도 S교수는 너무 무서워서 함부로 말을 붙이지도 못했다는 것이다. 입사도 빠르거니와 걸핏하면 이사장이나 총장을 자기가 조종하고 있는 듯이 위세를 부렸다는 것이다.

심리학자는 S교수 같은 사람의 심리상태를 어떻게 분석·진단할지 모르지만 필경 S교수는 그의 특유한 성격 때문만이 아닐 것이다. 그와 의기투합하는 패거리가 있었을 것이 틀림없다. 그것이 같은 대학 출신일 수도 있고, 입사동기일 수도 있고, 혹은 이사장이나 총장의 신임을 받고 있는 파벌일 수도 있다. 그래서 S교수와 그 일파는 학교를 휘어잡고 있다고 생각할 것이다. 사람의 속성 중의 하나인 지배욕, 그것도 집단적 지배욕이 자신들뿐 아니라 대학 자체를 망가뜨릴 수 있다는 점이 중요하다.

그런 의미에서 학내파벌은 결코 바람직하지 않다.

파벌 하면 '하나회'가 대표적이다. 하나회는 전두환, 노태우, 정호용 등 영남출신 육사 11기생 7명이 초급장교시절이던 1958년에 결성한 '칠성회'를 모태로 하고 있다. 칠성회는 5·16 군사쿠데타 이후 박정희 전 대통령의 특별한 배려로 군부 내 요직을 장악하면서 후배장교들을 끌어들여 1962년에 하나회로 확대, 발전하였다. 하나회는 1988년까지 기수별 회원 위주로 2~3회 모임을 갖는 등 회원 간 긴밀한 유대관계를 지속하면서 진급과 보직에서 상당한 특혜를 받았고, 1979년의 12·12 쿠데타를 통하여 정권을 장악하여 13년 동안 집권한 바 있다. 2명의 대통령, 수십 명의 국회의원과 장관, 그리고 수백 개의 별을 나누어 가지기도 했다.

대학 내의 파벌도 하나회와 구별하기 힘든 경우가 많다. 처음에는 친목을 위한 모임에서 출발한다. 그러다 학교를 걱정하고 회원 중 누군가 보직자로 진출하게 되면, 이를 계기로 줄줄이 승진을 하고 보직을 나누어 가지려 한다. 특히 법인과의 친분을 가진 경우에는 막강한 힘을 갖게 되면서 회원수를 늘려가며 급기야 직선제 총장을 주장하는 등 욕심을 부린다.

대학파벌과 하나회와는 모두 권력쟁취를 목적으로 하고 권력장악 후 그 이익을 독점하며, 위계화되어 있고, 술자리에서 '이대로!'를 외친다는 점이 공통된다. 그렇지만 권불십년(權不十年)이다. 정권이 교체된 후 하나회는 사라졌지만, 대학파벌은 살아남아 후일을 기약하면서 어떤 계기를 마련하고자 한다.

혼란을 겪었고 겪고 있는 대학의 현실을 보면 한 파벌이 생기면 그에 대항하기 위한 파벌이 생겨나고, 점차적으로 많은 파벌이 구성되어 대학을 위기에 빠뜨리기도 한다.

교수임용의 실상

대학이 교수를 새로이 채용하는 것은 대학인사 중에서 가장 중요하다. 대학교수의 정원은 거의 한정되어 있고 퇴임은 적어, 교수의 유동성이 없기 때문이다.

일본의 경우 거의 대부분의 대학이 총장 · 학장을 교수회에서 선출하고 교수임용도 교수회가 결정한다. 임용대상자는 공채후보를 인사위원회에서 추천하거나 학부추천을 인사위원회에서 심사하지만, 임용여부의 최종결정은 교수회에서 투표로 결정한다. 이공계 전문분야의 교수자질에 대해 다른 분야교수들이 알 수가 없고 인문사회 또는 예술분야의 교수자질에 대해 다른 분야 교수들이 평가하기 어렵기 때문에 교수회의 임용결정투표는 사실상 임용인준의 성격을 띤다. 그러나 특정그룹의 교수들이 기필코 받아들일 수 없다고 임용반대 캠페인을 벌이면 임용이 부결되는 경우도 있다.

우리나라 대학의 교수임용은 20년 전, 30년 전에는 불합리 투성이였다. 재단이나 총장이 추천하면 형식적인 인사위원회를 거쳐 임용되었다. 그래서 1억, 2억 원을 들여 대학교수가 된 사람이 많다는 이야기까지 나왔다.

그러나 지금은 교수채용에서의 비리는 극히 드물다. 거의 공개모집을 통해 엄격한 절차를 거쳐 임용이 결정된다. 문제는 그 엄격한 절차에 함정이 있다는 사실이다. 학과의 편의주의, 인맥주의가 그것이다.

공개모집의 경우 응모자에 대한 1차 심사는 학과에서 한다. 심사결과는 교수들로 구성된 교수인사위원회를 거쳐 2배수 또는 3배수로 압축해 임용권자인 이사회에 올라가게 된다. 거의 절대적인 결정권이 학과에 있는 것이다.

어느 대학에서 있었던 일.

교수의 공개채용에 그 대학 이사장의 아들 친구가 응모했다. 이 사람은 일본의 대학에서 박사학위를 취득했고 다른 대학의 강사로 강의경력도 있었다. 이사장은 교무담당 부총장에게 전화부탁을 했다. 비슷한 조건이면 고려해달라는 것이었다. 그러나 뜻밖에도 다음날 부총장에게서 전화가 걸려왔다. "전공불일치 때문에 불가능하다"는 것이었다. 사회학을 전공한 사람이 정치학과에 지망한 것도 아니고, 전자공학 전공자가 건축학과에 지망한 것도 아니다. 그 학과의 내부전공에서 필요치 않은 분야라는 뜻이었을 것이다.

공정무사(公正無私)하게 인사를 처리하는 것은 당연하다. 그러나 이사장 · 총장 등 윗사람의 체면은 조금 고려할 수도 있다. 그 고려는 반드시 '채용'이 아니다. 인사위원회에 올라가는 압축후보에 올릴 수도 있고 배수후보로 올릴 때 최하위순위로 올릴 수도 있었을 것이다. 그러나 부총장은 이사장 부탁을 한칼에 거절한 것이다. 이사장은 몹시 유감이었다. 임용결과를 보고 불쾌하기까지 했다. 새로 임용된 교수는 부총장과 학과장의 대학 후배였던 것이다.

전임교수의 임용은 까다로운 절차를 거치게 되지만 시간강사의 경우는 임용이 아니라 위촉이다. 그것도 거의 학과에 일임한 위촉인 경우가 많다.

시간강사의 급여는 생활급이 못 되기 때문에 고달프지만 전임교수가 되기 위한 경력쌓기로는 제격이어서 강사직 희망자도 많다.

어느 문화계 원로가 대학총장으로부터 강사제의를 받았다. 이미 일선에서 은퇴했기 때문에 시간여유가 있을 것이기 때문에 친분 있는 총장이 선의의 청을 한 것이다.

총장은 사회과학대학장에게 이 뜻을 전한 것 같다. 며칠 후 학과장이라는 교수가 원로에게 편지를 보냈다. 이력서, 졸업증명서, 학위증 사본, 성적증명서, 경력증명서를 보내 달라는 것이었다.

어느 한국 인명사전에도 나오는 이 인사는 바로 학과장에게 전화를 했다. "그렇게 절차가 복잡하면 출강을 사양하겠습니다. 나는 돈 때문에 강사를 하려는 것이 아니고, 출세의 발판을 위한 명예 때문에 대학에 나가려던 것이 아니니까 다른 분을 찾아 강의를 맡기십시오"라 고 했다.

다음날 사회과학대학장이 다시 전화를 했고 또 다음날에는 부총장이 전화를 했다. 서류는 제출치 않아도 된다는 이야기였다. 그러나 이 인사는 끝내 출강을 사양했다.

이 사람이 어느 기회에 대학교수인 후배에게 이 이야기를 하면서 "대학이 어떻게 형식과 절차에 찌든 관료주의에 빠졌느냐" 고 개탄하자 그 교수가 실상을 말해주었다. 그것은 관료주의가 아니라는 것, 학과 편의주의고 인맥주의라는 것이었다.

시간강사를 채용할 때 학과교수는 저마다 자신의 후배 또는 제자를 데려오려 한다. 교수간에 경합이 붙어 다투는 일까지 있다. 외계인(外界人)은 반갑지도 않다. 불편하다. 윗사람이 추천했거나 그 분야의 거물이면 더욱 그러하다.

시간강사와 비슷한 신분으로 겸임교수가 있다. 겸임교수는 직장이 있는 사람으로, 주로 실무를 가르치기 위해 초빙된다. 겸임교수도 대개는 학과재량으로 선임·위촉하게 되며 급여는 시간강사보다 조금 우대한다. 시간당 강사료 외에 한 달에 30만 원 정도, 또는 한 학기에 1백만 원 정도의 정기급을 지급하는 대학이 많다.

시간강사, 겸임교수와는 달리 석좌교수는 학과의 재량 밖이다. 대학에 공로가 많은 교수나 명망있는 학자를 초빙해 특별한 기금에서 급여를 지급한다.

미국에서는 석좌교수를 'Chair Professor'라고 하지만 그 말을 쓰지 않고 달리 부르는 경우도 많다. 주정부가 선정, 지원하는 석좌교수를 'Distinguished Service Professor'라 호칭하고 (NYU 등 주립대학), 대학 자체기금에서 급여를 지급하는 석좌교수는 'University Professor'(하버드대학 등 사립대학)라고 부른다. 또 학술·문화재단이 지원하는 석좌교수에게는 그 재단이름을 붙여서 호칭한다. 슈바이처 기념재단에서 지원하는 석좌교수의 명칭은 '알버트 슈바이처 프로페서'인 것이다.

우리나라의 석좌교수에는 크게 두 유형이 있다. 대학 자체의 예산으로 석좌교수 제도를 운영하기도 하고, 학술·문화재단의 지원으로 석좌교수 제도를 운영하는 두 유형이다.

학교예산으로 운영하는 경우, 서울의 사립 S대학, M대학 같은 곳에서는 석좌교수를 양산해 화제가 되고 있다. 겸임교수나 시간강사 중 이름이 알려진 사람이나 사회의 저명인사를 석좌교수로 발령해 이를 대학홍보에 이용하는 것이다. 대우는 시간강사보다 조금 나은 편이고 저명인사의 경우는 강의배정도 없이 졸업식, 입학식 때 격려사를 하는 정도로 활용할 뿐이다.

학술 · 문화재단이 지원하는 석좌교수는 정교수급의 대우를 받지만 학과에서는 반겨하지 않는다. 학과의 편의주의, 인맥주의에 걸림돌이 되기 때문이다.

대학의 폐쇄성 혹은 교수의 텃세론은 교수의 임용 · 초빙에서 잘 나타나고 있다.

사학 비리

외국에서는 어떤 표현을 쓰는지 모르지만 우리나라에서는 사립학교에 얽혀 있는 비리를 사학비리(私學非理)라고 한다.

비리(非理)는 부패·불법·도덕적 타락을 통틀어 말하지만 일반적으로는 부패와 동의어로 쓰인다.

부패를 연구하는 전문가들은 부패를 정치 부패·기업 부패·사회적 부패로 크게 나눈다. 사회적 부패는 종교계 부패·연예계 부패·사학 부패 등 사회 각 분야의 부패를 말한다.

부패 전문가들의 견해로는 (우리나라의 경우) 정치 부패·관료 부패보다 기업 부패·사회적 부패가 양적으로 더 많다고 본다.

사학비리는 어떤가. 밖에서 짐작하기보다는 양적으로 대단히 적지 않은가 하는 생각이다. 다른 분야(정치·관료·기업)의 부패는 구조적이고 정형적(定型的)인 것이 많다. 대가성 있는 금품수수나 인허가 업무에서의 뇌물 같은 것이 전형이다.

그러나 사회적 비리는 구조적·정형적이기보다는 개인적 비리인 경우가 많고 다양하기 때문에 사회적 흥미를 더 유발한다. 흥미를 유발하기 때문에 매스컴의 주목을 많이 받게 되고, 매스컴에 오르내리기 때문에 일반적으로 비리가 많은 듯이 인식되는 것이다.

건설회사의 경우 1백 톤의 철근을 쓰는 것으로 하고 실제로 70톤을 쓰고, 1천 명의 근로자 노임을 계상해서 8백 명의 근로자만 고용해서 비자금을 만든다는 것은 알려진 이야기다. 구조적·정형(定型)적 비리다.

어느 큰 회사에서 회장이 사장을 임명했으나 몇 년 지나 의심이 가기 시작했다. 사장의 씀씀이가 큰 것 같고 자기 집을 호화주택으로 옮기고 해서 마음이 편치 않았다. 감사팀을 시켜 은밀히 감사를 했으나 아무것도 나오지 않아서 하는 수 없이 사장이 외국출장에서 돌아올 때 정밀검사를 세관에 부탁했다. 사장의 짐에서 보석과 시계, 그리고 많은 달러가 나왔다는 것이다.

이 회사의 비리는 구조적이고 또 비정형적이었던 것 같다. 그래서 노출이 어려운 것이다. 큰 기업까지 갈 것도 없다. 심지어 주유소 운영에서도 비리형태는 스무 가지가 넘는다는 것이 그 업계의 상식이 되어 있다.

사학비리가 짐작보다 크지 않으리라고 보는 이유는 몇 가지 있다.

첫째, 사학의 수입·지출구조는 매우 단순하다. 수입의 대부분은 등록금이고 지출은 인건비, 관리비, 학생경비, 연구비가 대부분이다. 수입·지출구조가 다양하고 복잡하면 그만큼 비리의 소지는 커진다고 보아야 한다.

둘째, 교육사업의 공공성 때문에 다른 사업에 비해 도덕적 일탈이 적다고 볼 수 있다. 부패연구자들은 부패현상은 정확하게 알기 어려운 괴물(*monster*)적 존재라고 보고 그 실체를 규정함에 있어 여러 가지 기준과 접근을 시도하고 있다. 그 가운데서 비윤리성·비도덕성이 가장 강조되고 있다.

셋째, 사학에 대한 법적 규제가 엄격하다. 교수의 임용·직급·정년 등 인사에 관한 사항뿐 아니라 사립학교법은 재무관리에 관해서도 엄격히 규정하고 있다. 특히 학교회계와 법인회계는 엄격히 구분되어 있어 비리의 소지가 적다.

넷째, 사학에 대한 행정규제도 사학비리를 억제하는 역할을 하고 있다. 이 행정규제는 다른 나라에서 예를 찾아볼 수 없을 정도인데 이 규제가 정치적으로 혹은 관료편의주의로 이용되는 경우가 많다.

사학에 내부 분규가 있거나 비리가 있었을 경우, 관선이사가 파견되어 사학이 운영되는데, 이사장이나 총장은 권력의 입김으로 파견되고, 상임이사 · 사무국장 등은 교육부의 퇴직간부가 맡는 일이 많다. 그래서 관선이사가 파견된 사학은 교육부의 산하기관처럼 되고 분규가 해결되더라도 쉽사리 정상화시켜 주지 않는 폐단이 있어왔다. 그런 점에서 사학에 대한 행정규제는 순기능보다 역기능이 더 크다고 보아야 한다.

사학비리의 소지가 좁은데도 불구하고 사학비리는 있다. 그 유형에는 몇 가지가 있다.

① 입학비리

일반적으로 입학비리는 불가능하다. 단지 예체능 계열에서 간혹 비리가 있다. 실기(實技) 시험 또는 입상(入賞) 가산점 전형에서 부당한 채점과 그에 관련한 금품수수가 그것이다. 이 경우에도 경쟁 학생·경쟁 학부모의 관심이 쏠려있기 때문에 쉽사리 부정이 생겨나지 않는다.

② 교직원 채용비리

2, 30년 전까지만 해도 대학교수를 하는 데 1억 원이 들었다, 2억 원이 들었다는 얘기가 흔히 있었다. 그것도 몇 개 대학에서 있었던 일이지 모든 대학에 채용비리가 있었던 것은 아니다.

오늘날에는 교수 채용비리는 거의 없다고 보아야 한다. 우선 교수는 공개채용을 하도록 법이 규정하고 있으며 또 대학마다 엄격히 그 절차를 정해놓고 있다. 대개의 경우 학과·학부에서 서류심사를 하고, 교수들로 구성된 인사위원회가 2차 심사를 한다. 1차 서류심사는 학과·학부의 독단을 막기 위해 외부대학의 전공교수를 참여시킨다.

교수의 임용권은 이사장에게 있으나 실질적으로는 1차·2차 심사를 거친 2배수 또는 3배수 안에서만 선택할 수 있기 때문에 그 인사권은 제한적이다.

직원의 임용도 거의 대부분의 대학이 공개채용제를 채택하고 있다. 일부대학만이 임의채용을 시행하고 있다. 어느 대학은 직원 수의 반 이상이 이사장의 친인척이다. 행정사무에 관한 한 가족경영인 셈인데 이런 경영은 문제가 있다. 첫째는 공공성·신뢰성에서 불필요한 의심을 받게 되고, 두 번째로는 직원마다 주인행세를 하기 때문에 행정효율성 확보가 어렵다.

③ 건설비리

학교건물을 신축하거나 학교부지를 매입할 때 생기는 비리다. 건설비리는 비단 사학에만 있는 것이 아니고 공공기관, 사기업에도 흔히 있는 일인데, 사학의 경우 예산·결산이 모두 공개되기 때문에 비리의 소지는 많지 않다. 주식회사의 결산은 주주에게 공개되고 국세청에 신고된다. 사학의 결산은 교수회, 학생회, 대학연합회에 공개되고 교육부에도 보고된다. 그만큼 공개의 폭이 넓은 것이다.

④ 교비 유용

학교회계와 법인회계는 엄격히 구분되어 있다. 사학의 설립자나 이사장은 학교예산에서 급여를 받거나 수당을 받지 못한다. 학교교비를 이사장이 차입형식으로 유용하는 것도 용인되지 않는다. 어느 대학에서 영빈관을 신축했다. 실제로는 이사장이 기거했다. 영빈관의 모든 관리비는 교비에서 지출되었다. 교비유용의 한 예다.

개인기업에서 사주가 회사자금을 차입하고 그 돈이 차명으로 회사의 사채로 들어가는 경우가 있다. 이 같은 부도덕한 처사가 회사에 알려지면 사주에 대한 신뢰가 완전히 무너지는 것은 말할 것도 없다. 사학에서도 설립자나 이사장이 교비를 차용하는 일이 간혹 있으며, 그로 인한 비리의 시비가 시끄럽고 학교운영이 곤경에 처한 예도 있었다.

사학을 둘러싼 잡음에 내부분규가 있다. 이는 사학 비리와 별개다. 내부분규는 대학설립자의 가족 간 분쟁이 대부분이다. 특히 법인이 운영하는 기업이 있는 경우, 그 기업의 운영권을 둘러싼 분규가 많다. 그 분규로 인해 대학의 이사회는 패가 갈리고, 총장 선임에 잡음이 생기지만, 대학의 실세에 줄을 대는 소수의 교수가 그에 합세할 뿐이지 그 분규 자체가 사학 비리는 아니다.

서울의 어느 대학에 분규가 있었다. 여러 잡음이 있는 가운데, 이사장의 사생활도 문제가 됐다. 그 이사장은 일류호텔에 장기투숙하고 있던 것이다. 교육자답지 않은 호화생활을 한다고 교내에 대자보까지 붙었다. 당사자는 그 나름대로의 변명이 있었다. 서울 성북동에 큰 저택이 있는데 정원사, 경비원의 인건비를 포함한 관리비용이 크기 때문에 호텔에 기거하는 것이 더 경제적이라는 것, 어디에 기거하든 그 비용이 학교에서 지출되지 않기 때문에 대학에서 관여할 일이 아니라는 것이다.

대학에 분규가 있으면 그것이 비리와 관계가 있건 없건 간에 잡음이 증폭된다. 사실이 왜곡되기도 하고 도덕적인 논의대상이 법적인 문제로 비화하기도 한다. 감사원이나 교육부에 투서도 들어가 감사를 받게 되고 …, 그래서 대학의 이미지가 땅에 떨어진다.

교육에 종사하는 사람에게만 높은 윤리의식 · 도덕성을 요구할 수는 없다. 그러나 교육사업은 다른 지식산업과 달리 공공성이 강하고, 이윤추구나 명예충족의 수단이 아니기 때문에 사회기여적 의식과 윤리의식 · 도덕성은 반드시 갖추어야 할 조건이다.

제2부

베스트 프로페서의 조건

교수는 영업 사원이 아닌데…

서울의 어느 아파트 관리사무소에서 A대학으로 전화가 걸려 왔다. 학교관련 서류 두 뭉텅이를 보관하고 있으니 찾아가라는 것이었다.

대학에서는 깜짝 놀랐다. 대학에 도둑이 들었는데 서류는 버렸고 그밖에 무엇이 털렸는지 모르기 때문이었다.

그러나 진상은 달랐다. 서류뭉치는 쓰레기통에 버려진 것이었고, 그 쓰레기통은 A대학의 S교수가 사는 아파트의 현관 앞에 있는 것이었다. 서류 뭉텅이 중 하나는 입학원서였고 하나는 대학 홍보물과 입시안내서였다.

이 사건이 교내에 소문이 나자 S교수는 목소리를 높이기 시작했다. "대학교수가 영업직 사원은 아니지 않느냐, 왜 고등학교를 방문해 손님을 끌듯이 입학생을 유치해야 하느냐, 원서와

홍보물은 무거워서 들고 다니기 힘들다"는 것이었다.

목소리를 높이는 것부터가 잘못이다.

견책이나 감봉 정도의 경징계는 당연히 있어야 했을 것이었다. 이 대학은 도둑이 든 것이 아니었음을 안도하면서, 도둑이 든 것이나 마찬가지라는 생각은 못한 것 같다. 그렇게 느슨한 대학은 비단 A대학만이 아닐 것이다.

거의 모든 사립대학은 4년제 대학이건 전문대학이건, 고등학교를 관리하고 있다. 입학자원을 확보·유치하기 위해서다. 젊은 교수만으로 관리팀을 운영하는 대학도 있고, 모든 교수에게 전담고교를 분담·관리토록 하는 대학도 있다.

고교관리는 어떻게 하는가. 고등학교를 방문하거나 고교의 진학담당 주임교사를 접촉해 대학을 홍보하고 입학안내를 설명하는 것이다. 고교담당 교수는 동창관계나 친척의 인연, 혹은 교회나 동호인 모임에서 알게 된 고교 선생이 있는 고교를 전담고교로 정하는 게 보통이지만 그렇지 않은 경우도 많다.

대학교수가 생판 모르는 고교를 방문하는 것은 참으로 괴로운 일이다. 방문하겠다고 전화를 하면 시큰둥하게 대답하고,

실제로 찾아가도 반겨주지 않는다. 많은 대학에서 교수들이 찾아오기 때문에 고등학교에서도 귀찮을 것이다. 그래서 교무실 입구에 "잡상인 및 교수 출입금지"라고 팻말을 붙여놓은 고등학교(서울 강동구의 모고등학교)도 있을 정도다.

인근고등학교의 전담교수제는 일반적인 현상이고, 거기서 한걸음 더 나아가는 대학도 있다. 지방대학이 무대를 서울까지 확대해 교직원들이 대거 서울에 출장오는 것이다. 지역 외의 고교에서 입시생을 유치하면 입학생 1인당 특별포상(20~30만원)을 시행하는 대학도 있다. 그래서 전라남도, 경상남도에 있는 대학에서 광주, 부산뿐 아니라 서울에 출장오는 교수가 많다. 다른 교수들이 성과를 올리는데 혼자 가만히 있을 수 없어 서울에 1년에 네댓 번씩 출장을 다닌다는 교수도 적지 않다.

교수의 임무는 고등교육법에 규정되어 있는 대로 말하자면 '학생의 교육·지도'및 '연구'이다. 교수의 입시활동은 엄격한 의미의 교육·연구는 아니다. 그러나 넓은 의미에서는 '교육·지도'를 위한 부수임무이다. 학생이 없으면 교육도, 지도도 존재할 수 없기 때문이다.

대학의 조직형태를 보면 가장 중요한 조직은 교무처·학생처·사무처(사무국 또는 기획처)였다. 근래에는 입학관리처를 두는 대학이 늘어가고 있다. 학생확보가 중요해졌기 때문이다. 입학관리처는 원서접수, 입학사정 등 일반적 입학행정뿐 아니라 입시홍보, 입시설명회를 담당하고 고등학교를 관리한다.

대학교수의 세일즈는 고교방문에 끝나는 것이 아니다. 졸업생의 취업을 위해 회사, 공공기관도 방문해야 한다.

학생에게 강의만 하고 끝내는 시대는 오래 전에 지나갔다. 대학평가에서 취업률은 중요한 지표가 되어 있다. 정부가 대학에 재정지원을 할 때도 취업률은 그 선정기준의 중요한 지표다. 고등학생이나 학부모에게 입시설명회를 하거나 대학을 홍보할 때에도 취업률은 반드시 들어가게 된다.

이공계열뿐 아니라 사회·인문계열학과에서도 현장실습을 한다. 현장실습은 산업체와 공공단체에서 흔히 하는데 현장실습과 취업을 주선하는 산업체 관리를 위해 교수에게 "1인 1사 전담제"를 시행하는 대학도 있다.

정부도 대학과 산업체의 협동을 권장해 산학협력을 위한 재정지원을 하고 있다.

대학교수가 고등학교도 관리하랴, 산업체도 관리하랴…, 교수인지 영업직 사원인지 처량한 생각이 들 적이 많다.

그러나 사회가 필요로 하는 인재를 키워야 한다는 교육자로서의 사명, 좋은 대학을 만들어가야 한다는 대학 구성원으로서의 책무에서 본다면, 대학교수의 이 노고는 감수해야 한다고 볼 수 있다.

대학교수들의 이러한 노고는 우리나라에 국한된 것만은 아니다. 일본의 대학은 이미 1990년대 후반부터 대학 입학자원의 감소로 위기를 맞았다. 2007년에는 전국의 대학 30% 이상이 입학정원을 채우지 못했다.

대학교수의 고등학교 관리, 취업 주선을 위한 회사방문은 일반화되어 있다. 웬만한 대학은 일류호텔에 고등학교 교사들을 초청해 입시설명회를 개최한다. 우리 돈으로 수천만 원을 들여 만찬도 준비하지만 설명회도 안 듣고 식사도 안 하고 참가답례품만 가져가는 교사가 많아 이런 입시설명회를 계속할 것인가를 고민하는 대학도 있다. 그래서 인근고교의 교사들을 부부동

반 1박 2일 코스에 초청해 대학의 캠퍼스투어와 엔터테인먼트를 곁들인 만찬을 베푸는 대학도 있다.

중국유학생 때문에 많은 고통을 겪기는 우리나라 대학도 마찬가지다. 학생충원을 위해 중국유학생을 많이 유치했으나, 학업보다는 돈벌이 때문에 입학한 중국학생이 많아 학교이탈이 많기 때문이다.

미국 대학의 경우도 비슷하다. 학생충원이 어려운 대학에서는 입학홍보를 고등학교에 대해 집중하고 있다. 외국에까지 입학홍보의 폭을 넓히고 있는 것을 우리가 보고 있다.

학생충원에 어려움이 없는 명문대학에서는 우수한 학생을 유치하기 위해 피나는 경쟁을 하고 있다.

미국의 대학은 성적과 추천서, 자기소개서 등의 서류로 입학사정을 하고, 복수지원을 할 수 있기 때문에 우수한 고교졸업생은 명문대학 여러 곳에서 합격통지를 받는다.

대학은 합격통지로 끝나지 않는다. 우리 대학에 꼭 오라고 전화도 하고 편지도 보낸다. 하버드, 예일, 브라운대학 등 거의 모든 명문대학이 학생유치 경쟁을 벌인다. 학생에게는 교수가 연락하는 경우도 있고 동창회에서 연락하는 경우도 있다. 전화나 편지에 그치지 않고 식사를 하자는 제의가 있을 때도 있다. 학생이 많이 지원해야 그 가운데서 우수한 학생을 뽑을 수 있기 때문이다.

따지고 보면, 우리나라 대학교수가 고등학교를 상대로 세일즈 활동을 하는 것은 미국의 명문대학 교수가 우수한 학생을 유치하기 위해 세일즈하는 것과 큰 차이가 없는 것이다.

통나무에 마주 앉은 교수와 학생

통계로 나타난 숫자는 아니지만 대학 재학생 또는 대학 졸업생이 선생님을 찾아갈 때, 교수님보다 고등학교 선생님을 찾아가는 숫자가 훨씬 많은 것 같다.

그 이유는 어디에 있을까. 고교 선생님은 형님이나 아저씨 같이 느껴지고, 교수님은 딱딱하고 어렵게 느껴지는 것이 아닐까 싶다. 인간적 교감에 차이가 있을 것이라고 말할 수도 있다.

대학교육의 문제점을 연구하는 교육학자들은 대학에서의 매스-프로덕션이 교육적 결함을 가져오지 않느냐, 교수와 학생 간의 친밀하고도 인포멀한 접촉이 확보되어야 하지 않느냐고 문제제기를 하고 있다.

미국의 어느 교육학자는 "이상적인 대학이란 교수가 한쪽 끝에, 학생이 다른 끝에 앉아 있는 통나무다"라고 했다.

둥근 통나무에 마주 앉았다면 우선 얼굴을 마주보고 있을 테고, 교수와 학생 어느 한쪽이 잘못 동작하면 다른 한쪽 사람이 떨어질 수 있다는 얘기다.

미국의 경우 교수와 학생의 친밀한, 인포멀한 접촉을 위한 여러 가지 제도와 장치를 마련하고 있다. 거의 모든 대학은 교수들이 오피스 아워(*office hour*)를 1주일에 8시간 갖도록 하고 있다. 이는 학생들과의 비공식 접촉을 위해 그만큼 시간을 할애하라는 이야기다. 이 오피스 아워는 날짜와 시간을 정해 공개하도록 되어 있고, 오피스 아워가 지켜지고 있는지의 여부는 학부장이 체크하도록 되어 있다.

이 밖에 멘토링(*mentoring*) 제도, 튜터링(*tutoring*) 제도를 하버드 대학을 비롯한 많은 대학이 시행하고 있으며, 전공별로 우등과정, 보충과정을 비공식으로 운영토록 권장하는 대학도 있다.

고등학교 선생님보다 교수님을 찾아가는 학생이 적지 않아야 대학교육은 제대로 되는 것이라고 말할 수 있는데, 그러자면 바로 교수와 학생의 친밀한 비공식 접촉이 많아야 한다. 교수는 학문을 연구 · 전수할 뿐 아니라 학생과 함께 지내주어야 하고 함께 놀아주어야 한다는 이야기다.

간단한 예로, 학과 체육대회나 학과 동문회가 있을 때, 그 모임에 나가주는 교수는 학과소속 교수 중 많으면 3분의 1, 적으면 10분의 1밖에 안 된다. 10년 동안 그런 자리에 한 번도 안 나가는 교수도 있다. 교수는 선비다, 현인(賢人)이다 라는 생각에서 그러할지 모르지만 그것은 진정 교육을 이해하지 못하는 데서 오는 몰지각한 태도다.

우리나라의 경우 오피스 아워를 제도적으로 시행하는 대학은 극소수다. 오히려 하루에 8~10시간 연속강의를 이틀에 몰아서 하고, 1주일 중 5일 동안 대학에 출근하지 않아도 되는 한심한 대학까지 있다. 이런 대학은 학생들의 등록금 납입을 가장 중요시하는 대학이고, 그런 교수는 "나는 강의만 하면 된다"고 생각하는 사람들이다.

이런 대학과 이런 교수가 있는 한 우리나라 대학발전은 암담하다.

학생과의 인포멀한 접촉은 고사하고 포멀한 접촉에서도 무성의나 판단착오를 일으키는 교수가 있다.

강의시간은 포멀한 접촉시간이다. 강의실 뒷자리에 앉아 엎드려 자는 학생, 매니큐어를 칠하고 있는 학생이 흔히 있다. 이에 대해 주의를 주지 않는 교수가 있다. 야단을 치면 강의평가가 나빠질 수 있다고 착각하거나, 학생이 반발심으로 오히려 빗나갈지도 모른다고 생각할지 모른다.

이것이 큰 착각이다. 대부분의 학생은 이 교수가 학생들에게 무성의하다고 생각하는 것이다.

실제로 어느 대학에서 학생이 "Y교수는 학생들에게 무성의하고 무책임하다"는 불만의 편지를 학장에게 보낸 적이 있다. 강의실 뒤에서 시끄럽게 장난을 쳐도 그만, 낮잠을 자도 그만이라는 내용이었다. 혹시 다른 감정으로 모함하는 것이 아닌가 해서 학장은 Y교수를 불러 편지를 보여주었다. Y교수는 "죄송합니다"라는 말 외에는 할 말이 없었다.

시험감독도 그렇다. 귀찮은 일이기 때문에 좁은 교실에 합반을 해서 시험을 치르거나 조교에게 감독을 대강 맡기는 경우가 많다. 이런 경우에 커닝이 제멋대로다. 열심히 공부한 학생은 성적장학금 문제도 있으니 결코 유쾌한 일이 아니다. 결국 "이런 시험 왜 칩니까?"라는 문자 메시지를 교수에게 보낸다.

이런 메시지를 받고야 무엇인가를 깨닫는다면 학생들이 그 교수를 교수님으로 존경할 수 있겠는지를 생각해 봐야 한다.

학생과의 접촉을 굳이 포멀, 인포멀로 구분할 필요가 없다. 학업과 학업 이외의 생활에 관해 교수가 학생에게 관심과 애정을 갖느냐, 안 갖느냐의 문제일 뿐이다.

학업에 의욕이 없는 학생은 출석이 나쁘고 옆으로 빗나간다. 이를 걱정하는 교수가 전화를 걸면 전화를 숫제 받지도 않는다.

A대학의 M교수는 어느 날 이런 학생의 집을 방문했다. 학생과 연락이 안 되기 때문이었다. 이 방문에 감격한 사람은 학생의 부모였다. 아들이 학교에 제대로 나가지 않는 것을 몰랐기 때문이 아니다.

대학교 교수'님'이 학생을 걱정해서 가정방문까지 해준다니…. 이 학부모는 상상을 못했던 것이다. 그 교수는 가정방문에 끝나지 않았을 것이다. 그 학생과 차도 마시고 점심을 나누었을지도 모른다. 그리고 그 교수와 학생의 관계는 졸업 후까지 계속 이어질 것이 틀림없다.

석사·박사과정에서의 교수-제자관계는 학부의 경우와 매우 다르다. 석·박사 과정에서는 학생과의 인포멀한 관계를 매우 조심해야 한다.

석사·박사 과정에서는 교수-학생의 접촉이 매우 많다. 그러다보면 교수가 학생에게 "우리집에 놀러오라"고 호의를 보일 수 있지만 이런 말은 학생에게 큰 부담을 준다. 빈손으로 찾아가도 되는 것일까, 찾아가지 않으면 학위논문 통과가 어려운 것이 아닐까 하는 걱정이 생기는 것이다.

서울 어느 대학의 석사과정에 일본인 유학생이 있었다. 과정이 끝날 무렵 지도교수가 일본여행을 떠났고 일본 여학생은 마침 방학이어서 일본에 머물러 있었다. 이 교수는 이 학생에게 자신이 일본에 간다는 것을 연락했다. 이 여학생은 찾아뵙고 안내도 해드려야 하는데 시간이 여의치 않아 찾아뵙지 못하게 되었노라는 사과의 전화를 했다.

괘씸죄 때문은 아니겠지만 학위논문이 통과되지 않아 이 학생은 학위를 받지 못하고 대학원을 수료했다. 일본으로 돌아갈 때 울며 떠났다는 이야기가 학교 안에 많이 번졌다. 같은 과정의 학생들은 그 여학생이 우리말에 큰 문제가 없었고 강의도 열심히 들었다면서 아쉬워했다. 지도교수는 학위논문을 엄격히 심사했을지도 모르고, 그래서 "심했다"는 말을 억울하게 듣게 된 것인지도 모른다.

둥근 통나무 한쪽 끝에 학생과 마주 앉은 교수, 오해받을 표정이나 동작으로 마주 앉은 학생은 큰 상처를 입을 수가 있는 것이다.

통나무에 마주 앉은 교수는 학생을 사랑하겠다고 노력해야 한다. 노벨 평화상을 받은 테레사 수녀의 저서 《마더 테레사의 아름다운 선물》에 이런 대목이 있다.

> 모든 노력은 단지 바다에 붓는 한 방울 물과 같다. 하지만 만일 내가 그 한 방울의 물을 붓지 않았다면 바다는 그 한 방울만큼 줄어들 것이다. 당신에게도 마찬가지다. 당신 가족에게도.

당신이 다니는 교회에서도 마찬가지다.
단지 시작하는 것이다. 한 번에 한 사람씩…

여기서 "교회"를 "대학"으로 바꾸어 보면 "학생을 사랑하려는 노력은 그 성과가 보잘 것 없을지 모르지만 그 의미는 대단히 크다"가 된다.

베스트 프로페서의 조건

어느 대학에서는 매년 2~3명의 베스트 프로페서를 선정해 엠블럼을 교수연구실 문에 부착하고 있다.

2007년에 시작한 이 행사는 선임기준과 절차를 정해놓은 규정도 없고 포상금도 없다. 단지 그 해의 강의평가순위 10위 안에 드는 교수 중 2, 3년간의 강의평가가 상위권 이하로 내려온 적이 없는 교수 중에서 선정했다. 선정결과는 공식으로 발표되는 게 아니고, 총장 직권으로 엠블럼을 연구실에 붙여주는 깜짝쇼를 하는, 말하자면 비공식적인 베스트 프로페서 선정이다.

당초에는 우수교수 포상규정을 만들어 공식화하려 했으나 이에 적극 찬동하는 교수가 거의 없었다.

그 이유에는 몇 가지가 있다.

첫째, 베스트 프로페서를 선정하는 기준을 마련하기가 어렵다는 것이다. 강의평가뿐 아니라 연구실적, 산학협력 실적, 대학에 대한 기여도 등을 종합평가 해야 하는데, 객관적 평가를 위한 수치산정이 어렵다는 것이다. 실상 학생에 의한 강의평가는 신뢰성 · 합리성에 문제가 있기 때문에 강의평가 결과를 어디에 얼마만큼 활용하는 것이 좋으냐에 대해 논의가 계속되고 있는 것이 사실이다.

두 번째 이유는 이 제도가 오래 시행되다 보면 선정되는 사람이 계속 선정될 수가 있고, 그것을 피하면 너무 많은 교수들이 베스트 프로페서로 선정될 수 있다는 것이다.

이유가 어디 있든 간에 베스트 프로페서 선정제도에 반대하는 심리적 저변에는 냉소주의가 깔려 있다. 초등학교 운동회처럼 무슨 시상을 하려느냐고 내뱉는 것이다. 이 같은 냉소주의는 말할 것도 없이 시장원리 · 경쟁원리가 대학에 적용될 수밖에 없는 현실에 대해 이해가 없는 데서 싹튼 것이다.

기업에서는 생산업체든, 서비스업체든, 품질관리(*quality control*)에 많은 노력을 하고 있다. QC를 위해 생산품을 만들어 내는 생산설비의 점검 · 관리는 당연히 수반된다. 서비스업체의 구조조정은 생산업체의 생산설비 개선의 성격을 띠는 것이기 때문이다.

미국의 켄 베인 교수는 '우수교수'(*distinguished professor*)의 연구에 헌신한 사람이다. 그는 미국 전역의 24개 대학에서 우수교수로 평판이 있는 약 70명의 교수에 대해 그들은 무엇을 생각하고 무엇을 실천하고 있는지를 조사했다. 35명에 대해서는 철저하게, 나머지 35명에 대해서는 개략적으로 조사했다. 이들 가운데는 성적이 우수한 학생을 중심으로 가르친 교수도 있고 평균 이하의 학생을 상대한 교수도 있다.

켄 베인 교수가 연구대상으로 뽑은 우수교수는 학생들의 사고방식·행동양식에 대해 계속적·실질적 영향을 주고, 그것을 토대로 학생의 학습을 돕는 데 성공한 교수다. 그렇기 때문에 감탄할 만한 강의스타일, 활발한 토론식 강의, 현장실습, 프로젝트 중심의 강의 등 강의방식이나 강의기술에 관해서는 고려하지 않았다.

켄 베인 교수가 규정한 베스트 프로페서는 ① 수강학생의 거의 모두가 수업에 만족하고, ② 계속해서 공부할 의욕을 갖게 하며, ③ 지적(知的)으로 학생들에게 지속적 영향을 준 교수다.

미국의 시러큐스 대학은 미국의 연구형 대학에 재직중인 교수들을 상대로 연구와 티칭(강의)에 관해 어떻게 생각하는지를 두 차례 조사한 바 있다. 평균적으로는 두 가지가 똑같이 중요하다고 대답했으며 강의가 더 중요하다는 견해에 무게가 옮겨가고 있다는 조사결과가 나왔다.

우리가 주목할 것은 이 조사가 연구중심대학을 대상으로 했다는 사실과 이미 1990년대의 조사였다는 사실이다.

연구는 교수중심이고 티칭은 학생중심이다. 연구형 대학에서조차 티칭은 중시되고 있다. 일반대학이 학생 제1주의로 나아가는 것은 필연이다.

더구나 오늘날에는 티칭을 단순한 강의(*lecture*)가 아니라 학습(*learning*)과 지도(*coaching*)를 복합한 개념으로 설명하기 때문에 티칭을 깊이, 소중하게 생각해야 한다.

기이한 것은 미국·일본 등 선진국에서는 티칭의 방법·기술에 관한 연구가 많고, 그에 대한 저술도 많은데 우리나라에는 많지 않다는 사실이다.

초·중·고교의 교사는 수업기법에 관해 사범대학·교육대학에서 정식교과목으로 교육을 받는다. 그러나 대학교수는 그 같은 교육의 기회가 드물다. 교육관련단체에서 그 같은 교육과정의 특강을 개설하지만, 자발적으로 그 교육에 참여하는 교수는 극히 소수다. 그래서 대학 내에 교수학습 지원센터라는 기구를 두어 강의기법에 대한 교육을 추진하고 강의 클리닉을 시도하는 대학이 늘어나고 있으나 효과를 얼마나 거두고 있는지는 의문이다.

서울대학교는 2001년 교수학습개발센터를 개설해 매학기 교수 워크숍을 열고 있다. 첫 워크숍에는 전체교수 1,750명 가운데 36명이 참가했으며 그 후에는 10명 안팎이 참석했다. 2003년 1학기 때는 참가희망자가 1명뿐이어서 워크숍이 취소되기도 했다.

또 고려대학교는 2003년 9월 교수학습개발원을 설립하면서 교수법 권위자인 미국 일리노이대학 마이클 제이콥슨 교수를 부원장급 실장으로 초빙했다. 그러나 그는 2006년 8월 싱가포르의 한 대학으로 자리를 옮겼다. 고려대 교수 가운데 단 한 명도 그에게 교수법에 대해 물어오는 사람이 없었기 때문이다.

교수법 개선에 대해 교수의 자발적 노력을 기대하기 어렵다는 사실이 위 두 대학의 예가 충분히 말해주고 있다. 결국 교수법의 개선은 비자발적 방법을 각 대학이 강구해야 한다는 결론이 나온다.

강의기법에 대한 국내외의 저술을 종합해 보면 결국 훌륭한 강의는 교수-학생의 인간관계이며 학생 제1주의가 기본이다. 그 기본적인 조건을 정리하면 다음과 같다.

(1) 학생에게 성실해야 한다.

성실성의 제1요건은 약속의 이행이다. 강의담당은 학생과의 약속이다. 1학기에 16주를 강의하겠다는 약속이고, 강의계획(*syllabus*)에 따라 강의를 진행하겠다는 약속이다.

관록이 있는 교수는 한 학기에 2~3일 결강을 하고, 강의시간 60분이면 10분쯤 늦게 시작하고 10분쯤 일찍 끝내는 것이 권위 있게 보인다고 착각한다. 또 결강이나 단축수업을 학생들이 좋아한다고 착각한다. 결강이나 단축수업을 학생들이 좋아하는 것은 사실이지만, 그것이 쌓이면 그 교수는 성실성이 없다고 낙인찍힌다.

성균관대 국문학과 김시업(金時業) 교수의 강의는 수업을 마치는 예정시간 뒤에도 5~10분씩 이어지는 일이 많다. 수업이 연달아 있는 학생들은 조바심을 내지만 그는 눈 하나 깜짝 하지 않는다. 그에게 휴강이란 없다. 학기가 끝날 때면 강의계획에 맞춘 진도를 지키기 위해 토요일 오전에 보충수업을 하기 일쑤였다. 한 수강생은 "강의를 들을 때는 힘들었지만 한 학기를 마치고 나면 학문하는 사람의 자세를 배우게 된다"고 말했다.

강의계획서는 다른 교수나 학과장·학부장도 보게 된다. 그래서 그럴듯하게 만들어 놓고 실제 강의는 강의계획서와 다르게 하는 경우도 있다. 이것은 약속위반일 뿐 아니라 "제멋대로식" 또는 "사기성" 강의라고 하지 않을 수 없다.

⑵ 학생에게 신뢰와 호감을 갖게 해야 한다.

깊은 지식만으로 훌륭한 강의가 되는 것이 아니다. 학생이 신뢰와 호감을 갖게 해야 한다.

정치학의 대두 민병태(閔丙台) 교수는 이런 말을 꼭 개강 초에 했다. "내가 아무리 공부를 해도 라스키 교수(영국의 유명한 정치학자)를 따라갈 수가 없다. 그래서 나의 강의는 라스키의 정치학이다."

어떻게 보면 지나치게 솔직하고 겸손하지만 한편으로 신뢰감과 호감이 가는 말이다. 그의 강의는 명강의라고 할 수는 없지만 매우 진지한 강의라는 평을 들었다.

이에 비해 헌법학의 H교수는 자만심 · 자존심을 너무 앞세우는 스타일이었다. 다른 헌법학 저서는 읽을 가치가 없다고 폄하했다. 그는 자주 옐리네크(독일 헌법학자)의 학설을 말하지만 "옐리네크의 말을 빌릴 필요도 없이…"라는 말을 앞세우고 옐리네크를 인용했다. 자신을 옐리네크와 동격에 놓거나 상위에 놓는 화법이었다.

H교수는 자유당 정권 말기에 정부기관지 S신문과 야당계 신문 K신문의 객원논설위원을 겸하고 있었는데, 어제는 K신문에 내각책임제로 개헌해야 한다는 사설을 쓰고, 오늘은 S신문에 내각책임제는 국정혼란만을 초래한다는 내용의 사설을 쓴 것으로도 유명하다.

학생들에게 교수가 갖추어야 할 것은 권위보다는 신뢰이고, 지식의 계층감보다는 공동연구자라는 동류의식과 호감이다.

연세대 자연과학부 백융기(白融基) 교수는 연구실적이 높이 평가되어 상을 많이 받는 교수지만 강의에는 더욱 성실하다.

그는 학기마다 새로운 교재로 강의한다. 백 교수는 "학생들의 반짝이는 눈빛을 보면 옛날 책이나 오래된 노트를 매년 똑같이 강의하는 것은 죄를 짓는 것 같다"고 했다.

베스트 프로페서로 평가받은 어느 미국의 대학교수는 인터뷰에서 이런 말을 했다.

"나는 학생들이 친밀감을 갖게 하는 데에 가장 신경을 쓰면서 강의하고 있다. 왜냐하면 학생들이 강의를 잘 이해해주기 바라기 때문이다. 만일 그들이 배우려 하지 않는다면 나는 교수로서 실격이 아니겠는가…."

이런 자세와 마음가짐은 학생에게 신뢰와 호감을 주지 않을 수 없다.

신뢰와 호감을 받고 있느냐 아니냐는 것은 교수 스스로가 진단해야 한다. 학생이 수업과 관련해 진지한 질문을 하거나 개인적으로 상의해오면 호감을 갖는 것이다. 또 학생이 밝은 표정으로 교수에게 인사한다면 신뢰와 호감에서 일단 성공한 것이다. 그렇지 않다면 문제가 있다고 보아야 한다.

(3) 학생에게 따뜻해야 한다.

교수가 학생에게 따뜻하다는 것은 우선 말로서의 따뜻함을 말한다.

말에는 따뜻한 말(*warm language*)과 차디찬 말(*cool language*)이 있다. '따뜻한 말'은 말하는 것(*tell*)이 아니라 이야기를 하는 것(*talk*)이라고 한다(시드니 대학의 폴 하인리치 교수).

우수한 교수가 쿨 랭귀지를 결코 쓰지 않는다는 얘기는 아니라고 하인리치 교수는 말했다. 쓰기는 쓰되 그것은 웜 랭귀지로 학생을 교과내용에 끌어들여 지적·감정적으로 융합시킨 이후라고 한다. 확인하고 요약할 때는 쿨 랭귀지를 쓰고, 유도하고 촉구할 때는 웜 랭귀지를 쓴다는 것이다.

학생의 질문에 대해 "그런 것도 모르고 어떻게 대학에 들어왔느냐"든가, 실습재료비를 내지 못하는 학생에게 "그런 비용을 대지 못하려면 너희 부모는 왜 너를 대학에 보냈느냐"고 한다면, 이는 '차디찬 말'이 아니다. 학생의 가슴에 못을 박는 '비정한 말', '포악한 말'이다.

"너의 질문은 핵심을 벗어난 것 같은데 이런 내용의 질문이 아니냐"고 방향을 틀어준다든가, "실습재료의 비용은 원래 학과나 대학에서 부담해야 되는데… 뭐가 좀 잘못된 것 같다"고 걱정을 해주어야 교수와 학생의 인간관계가 제대로 유지될 수 있을 것이다.

결국 베스트 프로페서의 여부는 1차적으로 교수의 어법으로 판정된다고 볼 수 있다.

(4) 흥미를 끌어야 한다.

박식하고 아이디어가 풍부한 이어령(李御寧) 교수는 어느 자리에서 이런 제안을 한 바 있다.

교수가 강의시작 전에 1~2분짜리 비디오를 틀어주면 좋겠다는 것. 예를 들어 동이 틀 무렵, 둥지에서 날개를 펴고 비상하는 새의 모습을 틀어 주고, 깃털이 아름다운 새도 있고 앉은 자태가 아름다운 새도 있지만 새벽하늘을 힘차게 날아오르는 새는 더 아름답지 않느냐고 해설을 붙여준다는 것이다. 다음날은 어머니가 싸주는 도시락을 들고 시골의 등굣길에 나서는 어린 학생의 뒷모습을 보여주고, 우리들의 어머니는 이렇게 따뜻하다는 해설을 붙여준다는 것이다. 수십 개의 테마를 잡아 비디오를 만들어 하나씩 틀어주면 학생들의 감성을 돋우는 데 도움이 되고 강의성과도 오를 것이라는 게 그의 주장이다.

어떤 훌륭한 내용의 강의라도 학생이 관심을 가져주지 않으면 소용이 없다. 하버드 대학의 마이클 샌들 교수(정치학)는 이런 말을 했다.

"우리들(교수)이 하는 일은 소프트드링크 같은 상품의 상업광고와 비슷하다. 유일한 차이는 학생의 관심과 흥미를 자극해 다음에 무엇을 하게 하느냐에 있다."

우리나라의 향가(鄕歌) 연구로 국문학계에 큰 발자취를 남긴 양주동(梁柱東) 교수는 강의 초에 이런 말을 하곤 했다.

"오늘 아침에 버스를 타고 나오는데 운전사 뒷좌석에 앉았다가 급정거를 하는 바람에 큰일 날 뻔했지. 그래서 내가 운전사에게 '여보, 오늘 국보(國寶) 하나 깨질 뻔했소'라고 했지"라고 해서 학생들은 모두 웃었다.

그는 동국대학의 국문학 교수였으나 서울대학에서는 영시(英詩)를 담당한 강사로도 출강했다. 그가 연애시를 읽을 때는 연애에 빠진 사람의 표정과 제스처를 썼다. 그의 강의실은 수강생 외에도 청강생으로 항상 만원이었다.

학생들의 관심과 흥미를 이끌어 내려면 학문의 전문분야 얘기만으로는 안 된다. 교수는 학생들에게 마음을 열어야 한다. 자신의 야망과 승리, 좌절과 실패에 대해서도 이야기해야 한다. 그런 이야기는 학생들에게도 똑같이 성찰적이고 솔직할 수 있게 하는 교육적 가치를 갖는다.

(5) 대학커뮤니티와 학회에서 평판이 좋아야 한다.

교수는 조직의 일원으로서 공헌하고 있다는 이미지를 학생에게 심어주어야 한다. 대학이 어떻게 숨 쉬고 있는지에 대해 어둡고, 학회 동향에 대해서는 관심이 없어 보이면, 그것을 독야청청하다고 평가하지 않는다. 그런 태도는 학생들 눈에 무능하거나 폐쇄·독선으로 보이기 쉽다.

학생운동이 한참 정치적으로 흐르던 1990년대 초, 미국 쌀의 시장개방문제가 사회적 쟁점이었다. 이즈음, K대학 학생회는 대학건물에 현수막을 내걸었다. “YS정권 타도하여 민중정권 수립하자”, “친미로 망한 나라 반미로 일으키자”라는 구호였다. 대학본부 건물에도 현수막이 걸려, 이 구호는 마치 대학의 의견인 듯이 착각할 수 있을 지경이었다.

논리적으로 설명이 안 되는 단순한 정치선동에 대해 거의 모든 교수는 소가 닭 쳐다보듯이 무관심했다.

"국민이 선택한 정부를 타도한다는 것은 쿠데타를 하자는 것인가", "민중정권은 어떤 정권을 의미하는가", "친미로 망했다는 것은 무슨 뜻이고 반미로 어떻게 나라를 일으키자는 것인가" … 반문의 여지는 얼마든지 있다. 학내에 들어온 이 같은 쟁점에 관해 교수가 입을 다문다는 것은 곤란하다.

교수는 전문분야의 학문적 지식을 전달하는 것에 그쳐선 안 된다는 것이 교수의 '도리'를 말하는 교육전문가들의 견해다.

1차적으로는 학문하는 방법을 지원(支援)하는 것이지만, 그 효과적인 지원을 위해서는 가치관·역사의식·사회적 관심사에 관해서도 학생들에게 영향을 미쳐야 한다.

교수는 육상선수

조직에는 협의체제 중심이 있고, 또는 독임(獨任)체제 중심이 있다. 기업에 대표이사가 복수면 그 회사의 CEO는 협의체제다. 오너 혹은 이사장의 권한이 막강해 이사회가 형식적으로 운영되면 그 조직은 독임체제 중심이다.

스포츠에도 협의체제와 독임체제가 있다. 야구, 축구, 배구 같은 단체경기는 협의체제다. 감독 · 코치가 있지만 선수들 간의 협조가 절대적으로 필요하다. 그러나 육상경기에서는 선수 한 사람의 기량과 훈련이 중요하다. 코치가 조언하고 트레이닝을 지도하지만 다른 선수와의 협의 · 협력은 필요치 않다.

대학은 행정적으로는 협의체제다. 각종 위원회와 보직교수회의에서 대학운영의 방향이 논의되고 분석 · 평가된다. 그런데 막상 개개인은 육상선수다. 감독도 코치도 없고 혼자 뛴다.

대학이 교수 개인에게 감독·코치 같은 역할을 하려면(교권이라는 말은 그 정의가 어렵고 개념이 모호한데도 불구하고) "교권이 수호되어야 한다"고 반발하기 일쑤다. 교수는 학부나 학과에 소속되어 있는데 학과의 운영·발전에 관심조차 없는 교수도 있다.

A대학은 이공학부 전기과의 입학정원을 우선 줄이고 2년 후 폐과하기로 결정했다. 지망학생은 줄어들고, 재학생의 이탈률은 올라가고…, 전기과를 유지하기 어렵기 때문이었다. 더욱이 전기과 소속 교수 3명은 서로 말도 나누지 않는 사이였다. 학과의 커리큘럼은 학과장이 조교와 머리를 맞대고 짜곤 했다. 교수들은 서로 동료교수 연구실에 발을 들여놓은 적도 없었다. 전기과의 정원은 같은 학부 내의 자동차과와 기계과를 증원하는 것으로 구조조정안이 결정됐다.

총장실에는 이공학부장, 자동차학과 학과장이 자리를 같이 했다. 총장이 말문을 열었다.

"당장 결정할 일이 아니긴 하지만 미리 방향을 잡아놓아야 할 것 같은데…, 전기과 소속 교수들 문제입니다. 자동차과에서는 자동차의 전기부문 과목도 있고 하니… 전기과 교수가 자동차과로 가야 할 것 같은데요 …."

이 말에 자동차학과장이 서슴없이 이야기했다.

"그러지 않아도 우리과 교수들이 이 문제를 이미 논의한 바 있는데, 받지 않는 것이 좋다는 결론을 내렸습니다."

"이유가 뭡니까?"

"학과에 전혀 도움이 되지 않을 것 같아서 그렇습니다."

"자동차과가 성벽을 쌓는 영역주의처럼 들리네요. 커리큘럼에 자동차전기가 있지 않습니까?"

"다른 교수가 담당할 수 있습니다."

학부장이 학과장을 거들었다.

"전기과 교수들은 모두 육상선수입니다. 혼자 뜁니다. 다른 과에 가서 그 과에 전혀 도움이 안 될 것입니다. 1/n만 주장할 테니까요."

1/n! 그렇다. 교수들은 대개 자기가 전공한 분야의 몇 시간을 자기가 담당해야 한다고만 주장한다. 학교소속 교수가 4명이면 교과목 중 1/4을 자기가 맡겠다고 주장하는 것이다. 교과목은 시대변화에 맞추어, 사회적 수요의 변화에 맞추어 바뀌어야 하고, 이론강의와 실습의 비중도 조정해야 한다. 1/n을 주장하는 교수는 대개 커리큘럼 개편이나 학과운영에 별 관심이

없다. 자기변화의 노력도 없다. 자기가 전공한 것만 붙들고 시간을 때우는 것이다.

마라톤 선수는 투포환 선수의 동정이나 경기성적에 관심을 갖지 않아도 된다. 그러나 교수는 마라톤 선수가 아니다. 대학이라는 조직의 구성원이다. 학과 교수가 협력해서 학과를 운영해야만 그 학과가 발전할 수 있고, 대학의 장래에 대해 교수들이 관심을 갖지 않는 한 그 대학은 발전할 수 없다.

그럼에도 불구하고 교수들 중에는 아카데미즘의 노예가 되어 있는 사람이 적지 않다. 학사운영, 학교발전 문제 등에 관심을 갖는 것을 속물주의로 생각하는 것이다.

독야청청, 선비정신이라면 그런대로 고고하다고 볼 수 있다. 생활의 다른 면에서는 속물근성이 물씬한데, 대학 안에서만 육상선수다. 자신의 전공만 사수하고, 다른 학문, 다른 교수와는 단절하고 있다.

이런 유머가 있다.

어느 철학교수가 강을 건너기 위해 나룻배를 탔다. 배를 젓고 있는 사공에게 말을 걸었다. "철학에 대해서 좀 아시오?"

사공이 머리를 가로 저었다. 철학교수가 혼잣말을 했다.

"세상을 헛살았구먼."

배가 강 한가운데를 지날 쯤에 배에 물이 들어오더니 배가 가라앉기 시작했다. 사공이 철학교수에게 물었다.

"선생님은 수영을 배우셨습니까?"

교수는 머리를 가로저었다. 이에 사공이 혼잣말을 했다.

"인생을 헛살았구먼."

이것은 물론 만들어진 이야기다. 그러나 철학을 공부한 사람 머릿속에 철학만 있고, 입을 열었다 하면 '철학'이라는 단어가 나오는 사람, 대학교수라는 자부심이 넘쳐, 때와 상대를 가리지 않고 자신이 교수라는 것을 내세우는 사람이 있다면 그는 정말 세상을 잘못 살고 있는 것이다.

대학교수 가운데는 대학에서 공부만 하고 어려운 학위를 따고 교수가 된 분이 있고, 다른 사회에서 활동하다가 대학교수가 된 분이 있다. 사회경험 없이 바로 대학에 온 사람들은 대개 순수하다. 그러나 이런 교수들 가운데에 육상선수가 많다.

축구팀의 스타플레이어는 볼-어시스트 없이 골-게터가 되기 어렵다. 또 감독이 주요 포지션에 배치해 주어야만 멋지게 기량을 발휘할 수 있다. 그래서 스포츠팀의 스타플레이어는 팀 내에서 겸손한 경우가 많다는 것이다.

그러나 육상경기의 스타는 포지션 배치나 어시스트가 거의 필요 없다. 그래서 오만해지기 쉽다. 교수가 몇 명 되지 않는 학과 내에서조차 교수 간에 협조가 잘 안 되고, 커뮤니케이션이 잘 안 되는 것은 교수의 육상선수 기질 때문이다. 그래서 교수는 잘해야 릴레이 선수라고 할까.

정치학자 중에서 사회주의에 약간 호의적인 사람은 대한민국과 조선민주주의인민공화국을 비교할 때, 정통성 측면에서 한국보다 북한 정권이 우월하다고 평가한다. 그 논거는 북한 정권은 항일운동을 한 사람들이 주축이고 우리는 친일파가 주축을 이루었기 때문이라는 것이다.

일면 사실이기는 하다. 그러나 간과된 점이 몇 개 있다.

한국 정권의 주축은 친일파가 아니라 테크노크라트였다. 우리는 정부수립 후 반민특위를 만들어 친일파를 정리했다. 단지 일제 강점기에 고등문관시험(지금의 사법시험, 행정시험, 외무고시)을 거쳐 관료생활을 한 사람이나 일본군 장교로 근무한 사람을 몽땅 반민특위의 심판대상에 포함시키지 않았을 뿐이다. 결국 일제 강점기 때 행정경험이 있는 관료출신이 정부에 대거 참여해 국가건설, 국가경영에 이바지했고 일본군, 만주군 출신 장교들이 국군을 창설했다.

이에 비해 북한 정권은 일제 강점기의 관료나 군인은 철저히 배격하고 빨치산 출신과 항일운동 투사, 공산당 지하운동가와 그들 자제들만으로 구성했다.

모든 조직 · 기관은 정당성과 효율성을 함께 지녀야 한다. 북한 정권은 군사력 운용을 제외한 모든 분야 국가경영의 효율성 측면에서 우리보다 훨씬 뒤졌다. 우리는 정권수립 후 2년 만에 6 · 25전쟁을 치렀고 전후 복구에 시달리면서 정치적 혼란을 겪다가 정부수립 12년 후에 군사혁명을 맞이했다.

군사정권이 들어서면서 정권의 면모가 변했다. 자유당 정권 때는 정부 중심에 테크노크라트가 있고 그 위에서 정당인들이 분탕질을 치는 구조였다. 제 3공화국에서는 테크노크라트 핵심에 전문가를 참여시키고 군인들이 그 위에 군림하는 구조였다. 이 전문가들이 바로 대학교수다.

헌법을 포함한 법체계 정비에는 법학교수들이, 행정개혁에는 행정학 · 행정법 교수들이, 새마을운동을 비롯한 사회개혁에는 농학 · 사회학 교수가, 경제개발계획에는 경제학 교수들이, 무기개발에는 이공학부 교수들이 동원됐다.

이승만 대통령이 독립운동가와 정당인만으로 국가건설이 어렵다고 보고 직업 관료들을 기용한 것에서 한걸음 나아가 박정희 대통령은 군인과 직업 관료들만으로 국가발전이 어렵다고 보고 각 분야의 두뇌와 지식인을 참여시킨 것이다.

박 대통령은 그가 이룩한 업적 때문에 가장 존경받는 대통령이다. 수많은 교수들이 그 업적의 계획수립과 실천 점검에 참여했기 때문에 박 대통령의 업적을 도운 대학교수에 대해서도 마땅한 평가가 있어야 한다. 특정교수에 대한 평가가 아니라 대학교수들의 사회공헌, 국가발전공헌을 인정해야 하고 교수들은 스스로 자긍심을 가질 만하다는 뜻이다.

정부의 스카우트로 교수들이 국가발전에 기여하는 것에 대해 누구도 시비를 걸지 않을 것이다. 오히려 학문의 실용적 실천, 지식인의 사회참여라는 측면에서 긍정적 평가가 내려질 것이다.

교수들이 이런 자긍심을 갖는 것은 마땅한데 세월이 지나면서 병적 증세가 조금씩 나타나기 시작했다.

2차 대전을 겪은 프랑스는 전쟁의 상처와 경제난 때문에 국민들은 정신적 공항상태에 빠져 있었다. 프랑스의 많은 지식인, 대학교수들은 이를 방관하지 않았다. 프랑스 재건에 발 벗고 나섰다. 앙드레 말로는 문화상(文化相 · 문화부장관)으로 정부에 들어가 많은 일을 한 것으로 유명하다.

국가가 필요로 해서 교수 · 지식인을 등용하거나 지식인 사회, 교수 사회가 국가적 상황을 방관하지 않는 참여의 분위기를 조성해 나가는 것은 바람직한 일인데, 그와는 달리 교수가 개인적 명예욕과 입신양명을 위해 권력을 기웃거리는 것은 교수사회의 병균이다. 학문 · 교육은 뒷전에 밀어놓고 어용적인 글을 발표하고 권력주변 접근에 몰두하는 것이다. 세상은 이런 교수들을 정치교수 혹은 폴리페서(*polifessor*) 라고 했다.

한림대 이주일(李柱日, 심리학과) 교수의 논문 "대학교수의 삶과 스트레스"에 의하면 우리나라 교수의 67%가 "정치지향적 교수는 대학을 떠나야 한다"는 생각을 갖고 있다.

고려대에서 "최고 강의상"도 받은 바 있는 독문과 김승옥(金承玉) 교수는 어느 신문과의 인터뷰에서 "강의와 외부회의가 겹

쳤다면 회의에 가지 말아야 한다"면서 "교수들의 사회참여는 이론과 실천의 조화를 위해 필요하지만 입신출세를 위해 대학을 간판으로 삼는 일부교수는 문제"라고 했다.

대다수 교수가 정치참여에 부정적인데도 불구하고 폴리페서가 끊이지 않는 것은 정치의 매력이 그토록 큰 것일까, 아니면 교수직을 지루하고 따분하게 생각하는 교수들이 적지 않기 때문일까.

폴리페서는 어떻게든 티가 나게 되어 있다. 그래서 대학에서는 손가락질을 받는다. 그래도 아랑곳없이 발바닥이 닳고 손바닥이 닳는다.

제5공화국이 출범하기 직전, 어느 소규모 방직회사 사장실에 점잖은 노신사가 찾아왔다. 임원회의 때문에 비좁은 비서실에서 1시간쯤은 기다렸을 것이다. 방문객은 S대학에서 학장을 지낸 명망 있는 A교수였다. L사장은 인사 한 번 나눈 적이 없는 A교수가 잘못 온 줄 알았다. 그러나 이 교수는 매우 겸손했고 부탁은 간곡했다. 그 부탁은 이런 것이다.

전두환 씨가 대통령으로 집권하기 전에 국보위(國保委 · 국가보위위원회)라는 일종의 혁명기구를 만들었다. 하루는 이 국보위소속의 한 대위가 A교수에게 전화를 걸어 국보위의 어느 분과위 자문위원을 맡아달라고 했고, A교수는 바쁘다는 이유로 사양했다는 것. 사양했으면 고위인사가 다시 부탁전화를 할 줄 알았는데 그런 전화가 없다는 것. 사양한 것이 진심이 아니고 국보위 자문위원으로 일해보고 싶다는 것. 이런 심경을 H대령(전두환 국보위원장의 측근)에게 꼭 전해달라는 부탁이었다. L사장과 H대령이 중학교 동기동창이라는 것을 알고 찾아왔더라는 것이다.

그의 명망으로 보아 국보위 자문의원에 그렇게 집착하는 데에 L사장은 놀라지 않을 수 없었다. 폴리페서 A교수는 결국 5공화국 기간중에 장관직을 맡았다. 장관을 물러난 뒤 어느 정당의 영입을 받아들여 권력직 선거에 뛰어들었다가 실패했다. A교수는 기술이 능한 탓인지 그를 권력지향형이라든가 폴리페서로 폄하하는 사람은 많지 않다.

정계의 거물이나 정치에 관심이 있는 재벌총수는 정치학이나 경제학 교수를 좋아한다. 가끔 사적으로 초대해서 식사를 나누며 외국 출장 때는 비행기에서 이야기를 나누자고 동행을 청한다. 이런 청을 받으면 대학일이고 강의고 다 팽개치고 따라나선다. 이런 폴리페서 중에는 국무총리까지 맡았던 사람이 있다. 폴리페서의 표본이라고 할 수 있다.

정부의 고위직을 맡는다고 해서 모두 폴리페서라고 하지는 않는다.

S대학의 J교수는 교육부의 장학관실장을 한 번 해보았으면 좋겠다는 얘기를 사석에서 한 적이 있지만 권력을 기웃거리는 폴리페서는 아니었다. J씨는 어느 날 느닷없이 교육부장관에 기용됐다.

내각 개편 때 교육부장관으로 내정된 사람은 다른 사람이었다. 마지막 단계의 인사검증에서 빠지게 되었는데, 그 사람의 추천에 따라 별안간 장관이 된 것이다. 그 후에 총리직도 맡았었지만 그를 폴리페서라고 보는 사람은 없는 것 같다.

한국의 폴리페서를 이야기할 때 S대학의 H교수를 서슴없이 거명하는 사람이 많다. 그는 정치비판과 사회평론을 많이 썼다. 그의 정치·사회비평이 학문의 사회참여적 의미를 가진 것이 아니라, 양명출세의 방편이었다는 것은 그의 처세가 말해주고 있다.

H교수는 세 정권의 여러 자리에서 일을 했다. 갖가지 관변단체의 장을 맡았었고 정부의 입김이 들어가는 대학총장도 몇 군데 지냈다. 그는 어느 자리에 있든, 그 자리에 충실하지 않았던 것이 함께 일한 사람들의 평이다. 더 나은 자리, 더 높은 자리를 향한 의지와 작업은 끊임이 없었다.

물 좋은 자리와 높은 벼슬을 싫어할 사람은 없다. 그러나 그에 대한 탐욕이 밖으로 비추어질 때 그 모습은 아름다울 수가 없다. 그렇기 때문에 폴리페서라는 지칭은 교수에게 결코 명예스럽지 못하다.

폴리페서에게 공통되는 특징이 있다. 제대로 된 저서가 없거나 초임교수 시절에 쓴 개론적 저서가 한 권 있을 정도다. 또 제대로 된 제자가 없다는 점이다. 학문적, 교육적 '아웃풋'이 없다는 이야기다.

폴리페서에게 공통되는 또 한 가지 특징은 폴리페서가 정치판과 대학에 양다리를 걸친다는 점이다. 교수직을 유지한 채

정치판에 뛰어들어, 강의와 연구라는 본업을 팽개친다. 선거에 낙선하거나 정치적 별정직에서 물러나면 다시 대학으로 돌아가 교수직을 유지한다. 이런 교수의 경우 틈만 보이면 정치판에 뛰어들 생각에 교육은 뒷전이다. 휴강이나 결강은 물론, 부실한 강의로 피해보는 것은 학생과 대학이다.

국회에는 폴리페서 방지법이 제안되어 있다. 심재철 의원(한나라당)이 2008년 이 내용이 담긴 국회법 · 국가공무원법 개정안을 제출해 이 법을 처리하기로 여야당이 합의했다. 이 같은 법이 외국에도 있는지는 잘 모르겠으나, 있어도 아주 드물 것 같다. 개정법안의 주요 내용은 선거직이나 공직을 마치고 교직으로 돌아가려면 다시 심사를 받도록 한 점이다. 법 개정 제안의 배경에는 정치판을 기웃거리는 교수가 약 1천 명이 될 것이라는 추산이 있다.

밖으로 한눈을 파는 폴리페서가 있는가 하면 학내에서 정치성을 띠는 교수도 간혹 있다.

교수는 학생들의 존경을 받고 학생들 사이에 인기가 있는 것에 대해 보람을 느껴야 한다. 안팎으로 한눈을 파는 폴리페서의 눈에는 학생이 잘 들어오지 않을 것이다.

학내 폴리페서도 대개는 명예욕이 강한 사람이다. 총장 · 학장 선거제가 있는 대학에서는 총장 · 학장을 해볼 꿈이 있거나 교수협의회(또는 교수평의회) 회장을 하려는 교수 또는 학내의 보직을 맡고 싶은 사람이 정치색을 띠게 된다.

이런 경향의 교수는 학생상대가 아니라 대학당국이나 교수 · 직원에 대한 발언을 많이 한다. 대개는 소영웅주의, 인기영합주의에 사로잡혀 있기 때문에 어떻게 티가 나도 나게 마련이다.

사람은 정치적 동물이라는 말로도 미루어 알 수 있듯이 어떤 조직에든 정치색이 강한 구성원은 있을 것이다. 그러나 정치적 조직이 아닌 조직에서 정치색 강한 사람들의 목소리가 크면, 그 조직은 제대로 항로를 잡을 수 없지 않을까하는 생각이다.

교수의 자의식과 이미지

교수 자신이 직업으로서의 교수를 어떻게 생각하느냐와 다른 사람이 직업으로서의 교수를 어떻게 보느냐는 상당히 거리가 있다. 창문 안에서 자기가 자신을 들여다보는 것과 남이 창 밖에서 그 사람을 들여다보는 것에는 차이가 있을 수밖에 없다.

교수 자신이 교수라는 직업을 어떻게 생각하느냐에는 두 유형이 있다. 제 1유형은 "밥벌이" 직업으로 생각하는 것이고, 제 2유형은 "생활인" 직업으로 생각하는 것이다. 뉘앙스가 꼭 들어맞는 것은 아니지만 제 1유형은 잡(*job*)으로 생각하는 것이고 제 2유형은 보케이션(*vocation*)으로 생각하는 것이다. Vocation에는 직업이라는 뜻 외에 천직, 사명감이라는 뜻도 있고 신학에서는 신의 소명(召命)이라는 뜻으로 쓰인다.

교수직을 밥벌이로 생각하는 사람은 월급만이 문제다. 교수 사회의 분위기는 어떠해야 하느냐, 대학은 어느 방향으로 가야 하느냐, 학생은 어떻게 이끌어가야 하느냐의 문제에 대해서는 아무 생각을 안 한다. 혹시 누가 일깨워 주어도 이해하려 들지 않는다. 강의실에서 강의하거나 연구실에서 연구만 하면 되고 학과·대학의 문제는 남이 걱정할 일이다. 월급만 받으면 그것이 모두다.

술집 호스티스에게서 흔히 들을 수 있는 말이 있다. "나는 투잡을 뛰고 있기 때문에 바쁘게 살고 있어요"라는 말. 낮에는 다른 직장에 나가고 부업으로 술집에 나오기 때문에 술집여자로만 보지 말라는 이야기다. 제 1유형의 교수는 이 호스티스가 말하는 Job으로 교수직을 자각하고 있다.

호스티스는 자기의 잡이 임시적이라고 생각하고, 교수는 자기의 잡이 대단히 안정적이라고 생각하는 차이가 있을 뿐이다.

대학이 가장 환영할 수 없는 교수가 제 1유형의 교수다. 교수에게 불가피하게 부과되는 행정사무 — 학생의 성적처리, 각종 위원회 참석, 입학관련 업무, 산학관련 업무, 졸업생 취업문제 등 — 에 대해서도 교수가 꼭 해야 할 일인가, 그런 잡일은 조교나 행정직원이 할 수 있지 않은가 라고 항상 불만을 갖고 있다.

이런 교수일수록 '교권'(敎權)을 많이 앞세운다. 교권이 침해되어서는 안 된다, 교권은 존중되어야 한다는 말을 자주 입에 올리는 것이다.

어느 대학에서 기자재(컴퓨터)가 대량으로 도난당하고, 외부사람이 교내건물에 들어가 사사로운 일로 교수를 폭행한 일이 있었다. 대학에서는 재발방지를 위해 CCTV를 설치했다. 이에 대해 어느 교수는 교직원 감시용 아닌가, 강의내용을 감시하려는 것이 아닌가, 이는 교권침해이니 즉시 철거해야 한다고 주장하고 나선 일이 있다.

그 얼마 전, 서울의 어느 구청에서 범죄가 자주 일어나는 골목에 CCTV를 설치한 적이 있다. 이에 대해 한 시민단체가 사생활 침해라며 철거를 요구한 적이 있다. 좀도둑과 추행사건 등의 범죄가 줄어들었는데 무슨 소리냐고 시민단체에 항의가 빗발쳤다.

영국 런던의 시민은 하루에 평균 15회씩 CCTV에 찍힌다는 통계가 있다. 지하주차장에서 슈퍼마켓까지, 빌딩 현관에서부터 사무실 복도까지…. 수없이 찍히는 것이다.

골목에서 보호받아야 할 사생활은 어떤 것일까. 강의시간에 무엇을 가르치기에 감시받아서 안 된다는 것일까.

하루에 8시간 또는 10시간의 연속강의로 시간표를 편성했다면 이는 강의를 충실히 하지 않겠다는 선언이다. 대학에서 그런 강의시간 편성을 허용하지 않겠다고 했을 때, 이를 교권침해라고 한다면 그 교권은 잘못된 교권이다.

교권의 권(權)을 권리로 본다면, 권리는 법적으로 보호되어야 하고 그 권리에는 또한 법적 의무가 수행하게 된다. 강의를 방해한다면 그것은 업무방해이지 교권침해라고 말할 수 없다. 또 올바로 가르칠 것을 요구한다면 그것은 가르칠 권리에 수반하는 성실의 의무를 요구하는 것이다.

교권의 '권'을 권리가 아닌 권위로 이해할 수도 있다. 권위는 스스로 지킬 때 남이 권위를 인정할 수 있다. 제1유형의 교수는 교수직을 '잡'으로 자각하기 때문에 스스로 권위를 지키지 못하는 것이다.

제 2유형의 교수는 교수로 있음으로써 가질 수 있는 보람을 알고, 그 보람을 위해 노력하는 게 특징이다. 학생이 없으면 교수직은 존재할 수 없다는 점을 철저히 인식하고 있다.

졸업 후에도 자신을 기억해주는 학생이 있다는 것을 알게 되었을 때, 결혼 주례를 부탁하는 졸업생이 있을 때 교수들은 보람을 느낀다. 실제로 결혼 주례를 한 번도 부탁받지 못하는 교수, 혹은 부탁이 있어도 "나는 주례를 서지 않는데…" 라고 냉정하게 거절해서 평생 동안 주례를 한 번도 서지 않는 교수가 적지 않다.

제 2유형의 교수는 학과학생의 체육회나 학과동문 모임에 열심히 나간다. 그것이 즐거운 것이다. 졸업생이 찾아오면 그것이 반갑고, 졸업생이 무엇인가를 성취하면 자신의 성취처럼 기뻐한다.

교수들은 자기연구실에 커피를 마실 수 있는 기구나 음료를 준비해놓고 있다. 자신이 마시기도 하고 학내외의 손님이나 찾아오는 학생에게 주기 위해서다. 교수는 월급만 받으면 되는 밥벌이꾼이 아니고 고고지존(孤高至尊)의 선비도 아니다. 그보다는 서비스를 이해하는 개인사업자와 비슷하다. 연구실 음료의 소비가 많을수록 그 교수는 제 2유형에 가깝고 방문자가 적을수록 제 1유형에 가깝다고 보아도 무리가 아닐 것이다.

교수는 자신이 지도하는 학생과 식사를 하거나 술자리를 함께하는 경우가 있다. 발표회가 끝난 뒤 뒤풀이로 그런 자리가 마련될 수도 있고 발표회 시간을 기다리는 여가에 그런 자리가 자연스럽게 생길 수도 있다. 이런 자리는 학생의 '생활', '의견', '학습만족도' 등을 살펴볼 수 있는 좋은 기회다. 적절한 학생지도를 위한 필수적 사항이라고도 할 수 있다. 제 2유형의 교수는 이를 인지하고 있다.

그러나 제 1유형의 교수는 심정적으로 이를 수용하지 못한다. 교수가 학생과 술자리를 하는 것은 교수의 품위에 맞지 않는다고 생각하거나 교수가 학생에게 다가가 강의평가를 좋게 받으려는 것 외에 아무것도 아니라고 생각하는 것이다.

대학 밖에서는 교수를 어떻게 보는가. 우선 교수는 지식인 그룹의 상층부에 속하는 사람이고 전문분야에서 계속 연구활동을 하는 사람이다.

학생시절에는 놀기보다 공부를 좋아했을 것 같고, 말이 많기보다는 책을 가까이 했을 것 같은 생각이 든다.

교수는 경제적으로 윤택하지는 못하지만 안정적이고 또 성실한 생활인처럼 인식된다. 그래서 대학교수는 함부로 대하지 않는다. 어느 수준의 사회적 지위와 대우를 받는다.

대학교수를 조금 가까이 접해본 사람은 교수에 대한 이미지가 조금 바뀐다. 교수 가운데는 스스로 잘났다고 생각하는 사람이 상당히 있다는 것을 발견하게 된다. 교수가 그렇게 비쳐지는 데는 두 가지 이유가 있다.

첫째는 전문가 의식 때문이다. 전공한 분야의 권위자라고 스스로 생각하지 않더라도 권위자라고 자임(自任)해야 존립이 가능하다.

두 번째는 경쟁사회에서 부대끼지 않았기 때문에 대인관계에 서투른 교수가 많다. 민간기업이나 공공기관에서는 업적을 올리지 않으면 출세할 수 없다. 거꾸로 강등되기도 하고 좌천되기도 한다. 그러나 교수는 한 번 채용되면 신분이 보장되고, 연구나 교육에 관해 별로 간섭받지 않는다. 출세도 없고 좌천도 없는 무풍·태평 지대에 살고 있다. 그래서 인간관계의 훈련이 덜 되어 있고 또 그것을 중요하게 생각하지 않는 교수가 적지 않다.

교수의 하루 그리고 반평생

노벨 문학상을 받은 미국작가 솔 벨로의 장편소설《학생처장의 12월》(*The Dean's December*)의 첫 문장은 이렇게 시작된다.

> 미국에서 회사의 중역생활을 하고 있는 콜트는 — 대학의 학생처장도 중역 같은 것이 아닐까 — 활동 본거지에서 6, 7천 마일 떨어진 브크레시티에 와 있었다.

대학의 학생처장으로 있는 저널리즘학과 교수 콜트가 이 소설의 주인공이지만 소설에는 대학생활, 교수생활 얘기는 거의 없다.

숨이 막히는 듯한 공산당 치하의 루마니아에 장모 문병을 갔던 얘기부터 시작하느라고 그렇게 묘사했는지는 몰라도 대학교수를 회사중역 비슷하다고 한 것은 조금 이상하게 느껴진다.

회사중역과 대학처장에 비슷한 점이 있다면 경제적으로 어렵지 않은 중 · 상류라는 점, 매일 출근하고 할 일이 많다는 점이 있을까, 그 외에는 비슷한 점이 거의 없다. 회사중역은 과장 · 부장에서 승진해 중역이 됐고, 부사장 · 사장으로 승진할 가능성이 크지만 대학의 처장은 승진과는 상관없이, 거의 순환근무 비슷하게 맡게 되기 때문에 조직 내에서의 위치가 기업의 중역과 전혀 다르다. 학생처장, 교무처장도 처장이라는 보직보다 교수라는 직책이 더 강하게 인식되고 있는 것이다.

대학교수가 하루를 어떻게 지내고, 어디서 일하는가를 보아도 기업의 간부나 다른 직업인과는 많이 다르다.

대학교수의 하루는 어떻게 시작되는가. 교수들에게 출근시간이 따로 없는 게 일반적이다. 대부분의 교수가 강의시간에 맞추어 출근한다. 일찍 출근하고 싶지 않은 교수는 아예 자기의 강의시간을 주로 오후에 몰아서 짜놓고 느지막하게 출근한다. 그것도 매일 출근하는 것이 아니다.

정운찬 교수는 서울대학교 총장 재임 때 "부끄러운 일이지만 일주일에 딱 하루만 학교에 나오는 교수들이 있다. 수업을 일주일 중에 하루에 몰아넣고 나머지는 집에 머무는 교수들이 있다. 주중에 골프를 치는 교수도 있다"고 개탄한 적이 있다.

출근에 대한 룰이 엄격하지 않기 때문에 자기가 하고 싶은 대로 근무시간을 짤 수가 있고 그런 점에서 변호사, 건축가 등 독립적으로 일하는 프로페셔널리스트와 비슷하다고 할 수 있다. 그러나 변호사와 건축가는 일하는 것에 비례한 대가가 있으나 교수는 일의 양이나 질에 따른 인센티브가 없기 때문에 태만해질 수가 있다.

학생들에 의한 교수의 강의평가 중 불만사항을 종합해 보면 "학생을 존중하지 않는다", "강의가 불성실하다", "잘 가르치지 못하는 것 같다", "무능하다"가 각기 10%를 훨씬 넘는다(103개 대학 523명의 학생을 대상으로 숙명여대 언론정보학부 조정열 교수팀 조사). 이런 수치가 바로 교수의 태만을 설명해준다.

일은 어디서 하는가.

교수는 교육과 연구의 일터가 네 군데다. ① 강의실, ② 연구실(또는 실험실), ③ 실습현장, ④ 자택의 서재다.

변호사는 일하는 곳이 두 곳, 변호사 사무실과 법정이고, 건축가도 두 곳, 설계사사무실과 건설현장인 것에 비하면 교수의 일터는 다양하다. 강의는 강의실에서, 학생상담과 전공연구는 연구실(또는 실험실)에서, 실습현장(필드)은 대개 학교에서 떨어진 산업체나 연구소 또는 공연장 같은 곳이다.

일하는 네 곳 중 가장 중요한 곳은 강의실이다. 학생들이 강의에 열중할 수 있도록 강의실 분위기를 이끌어 가는 게 중요하며 그를 위해서는 교수의 성실성이 필수적이다.

어떤 교수에게 실망하느냐는 학생상대의 조사결과를 보면 ① 수업시간에 늦게 허둥지둥 들어오는 교수님, ② '피곤하다'는 등의 이유로 수업을 일찍 끝내는 교수님, ③ 휴강을 미리 알려주지 않고 강의개시 10분 전에 조교를 보내 결강을 통보하는 교수님, ④ 진도만 '쫙~' 나가며 혼자서만 수업하는 교수님, ⑤ 학생의 질문에 무성의하게 답변하는 교수님 등으로 나타나 있다(연세대 김은주 교수의 《명강의 핵심전략》).

"교수의 권위를 유지하기 위해서는 한 학기 중 한두 시간을 결강하는 것도 한 방법이다"라고 후배교수를 오도한 교수도 있다. 교수는 비싼 등록금을 낸 학생을 상대하고 있다. 비싼 등록금을 지불했다는 사실을 교수보다 학생은 더 인식하고 있다. 결강은 편하지만 등록금 인식 때문에 교수의 '권위'보다는 '불성실' 이미지가 쌓인다는 것을 교수들은 알아야 한다.

교수의 교육평가는 강의실에서 나오고 연구평가 자료는 연구실(또는 실험실)에서 나오게 된다.

연구는 따로 시간이 정해진 것도 아니고 장소도 정해져 있지 않다. 그러나 주로 연구실과 자택의 서재가 연구의 일터다.

연구실 사정을 말하자면 우리나라 교수는 외국의 교수에 비해 연구실 사정이 좋다.

영국 대학의 경우 교수진이 10명이면 2명 정도가 교수(*professor*)이고, 8명은 모두 강사(*lecturer*)로 호칭한다. 대우도 확연히 달라, 교수연구실은 강사연구실보다 좋은 곳에 더 넓게 마련된다.

미국의 경우도 교수·부교수·조교수의 연구실은 차등이 있으며 강사의 경우는 공동으로 연구실을 쓰게 하는 대학이 많다.

일본은 교수 연구실 사정이 더욱 나빴다. 도쿄대학만 하더라도 1인 1실 연구실이 2005년에야 이루어졌다. 2차 대전 후 줄

곧 2인 1실의 연구실이었기 때문에 1인 1실이 교수들의 소원이었는데 그것이 60년 만에 이루어진 것이다.

일본의 주택사정은 우리나라보다 좋지 않다. 봉급생활자들이 사는 아파트나 주택은 보통 15평, 20평 안팎이다. 교수들의 자택에 서재가 있기 힘들다. 그래서 일본의 대학교수들은 방학 때도 학교연구실에 나가는 사람이 많다.

또 일본의 대학에서는 연구비나 지원금 규모에 따라 연구실 규모가 다른 게 보통이다. 그래서 "이공계열-귀족, 사회계열-평민, 교양학부-노예"라는 말까지 생겨났다.

우리나라의 경우 거의 모든 대학이 1인 1실의 연구실을 교수들에게 제공하고 있다. 교수의 직급이나 계열소속에 따라 연구실에 차등을 둔 대학도 거의 없다.

또 교수들의 주택사정을 보면 40평 안팎의 아파트나 주택에 사는 교수가 많은 것 같다. 물론 서재도 있다. 그래서인지 방학 때 학교연구실에 나가는 교수는 열에 한 명꼴 정도일까.

연구실은 전공학문을 연구하는 일터지만 그에 못지않게 중요한 일은 학생상담이다. 연구실에 학생이 많이 출입하도록 유도하는 것은 그만큼 학생지도에 성의가 있기 때문이다. 연구실에 드나드는 학생이 아주 드문 교수가 있다. 그런 교수는 학생들 사이에 '성의가 없는 교수'로 입에 오르내린다.

미국 하버드 대학의 저명한 훼어뱅크 교수(국제정치학)는 연구실에서 학생을 만나주는 것은 물론, 학생들을 상대로 그의 자택에서 매주 목요 다회(茶會, *thursday party*)를 여는 것으로 유명하다. 박사과정, 석사과정 학생을 차례로 초대하며 때로는 학부의 상급학생을 부르기도 한다. 매주 7~8명씩 초대해 함께 토론하고 세상 얘기도 나눈다. 학생들은 이 파티에 초대받는 것을 영광으로 생각한다.

훼어뱅크 교수의 자택은 물론 40평이 훨씬 넘는다. 그러나 마음만 있으면 40평에선들 7~8명의 티파티를 열지 못할 것은 없을 것이다.

시골의 우체국장이나 조그만 마을 교회의 목사라고 하면 그의 반평생은 잔잔하고, 평화롭고, 선량하리라는 생각이 든다.

대학교수의 반평생은 어떠한가.

세속적인 것과 조금 거리를 둔 채 학문세계에 진지하고, 남성적이다 혹은 여성적이다 라기보다는 중성적이고, 사소한 일에 신경을 쓰는 편이지만 나쁜 짓은 안 한다는 정도의 이미지를 갖게 한다.

거의 맞는 얘기인데 조금 더 부연하자면 사회성이 적고 편안하게 반평생을 보내는 교수가 많다는 사실이다.

교수의 반평생이 사회통념, 사회적 관행과 거리를 두게 되는 것은 대학은 폐쇄적이고 또 폐쇄적인 것이 당연하다고 착각하는 데서 오는 결과다.

대학은 상아탑 속에 틀어박혀 있을 수 없으며 사회와 소통하지 않을 수 없다. 그럼에도 불구하고 교수는 다른 사회, 다른 직장인과는 다른 층에 있어야 한다는 생각 때문에 일반적인 사회성과 충돌을 일으킨다.

교수들이 외부인과 만날 때 명함을 받고도 명함이 없다고 명함을 주지 못하는 교수가 더러 있다. 명함이 아주 없거나, 쓰는 일이 드물어 갖고 다니지 않거나, 명함을 교환하는 것이 세속적이라고 생각하거나, 그 셋 중 하나일 것이다.

또 교수들은 교류의 폭이 적거나 남의 얘기를 경청하는 데 익숙하지 못한 경우가 많다. 동료교수의 연구실을 방문하거나 자기 연구실에 불러 차를 마시자고 하는 것을 어색하게 생각하는 교수도 있다. 이런 교수는 점심시간에도 교수식당에 혼자 나타나는 적이 많다.

교수 가운데 반평생을 편안하게 보내는 사람이 있는 것은 우리나라 교수의 인사제도와 강의운영시스템 때문이다.

교수의 정년은 65세다. 교육법상 정교수가 되면 정년이 보장된다. 그러나 정교수가 아닌 교수도 사실상 정년이 보장되어 있는 셈이다. 전임강사, 조교수, 부교수는 직급년한은 있으나 직급정년은 없다. 전임강사는 2~3년, 조교수는 4~5년, 부교수는 5~7년 근무하면 승진심사를 받는다. 승진에 몇 차례 누락되어도 그만이다.

승진심사 요건 중 가장 중요한 것은 연구실적인데 이것도 요지경이다. 원래 연구실적은 저서나 전문학술지에 게재된 논문을 말한다. 그 가운데 가장 권위 있는 것은 국제적으로 인정되는 SCI 논문이다. 2004년 한국인이 발표한 SCI 논문(학술논문인용색인) 순은 세계 16개국 중 13위이며 국가별 인구비례로 따지면 16개국 중 14위이다.

SCI 또는 한국학술진흥재단 등재 학술지에 발표되는 것 외에 학회에서 발간하는 책, 그 밖의 출판물에 발표된 글도 거의 연구실적으로 인정받는데, 그런 실적물이 없을 경우에는 대학 자체의 출판부에서 발행하는 논문집에 실린 논문도 실적으로 인정하는 것이 관례로 되어 있다. 이 관례가 역이용되어, 교수승진 요건을 충족하기 위한 자체논문집이 매년 발행되기도 한다. 누가 읽어주지도 않는 논문, 누가 엄격히 심사하지도 않는 논문이 자체 논문집으로 꾸며지는 것이다.

예능계의 경우는 더욱 애매하다. 작품발표회 또는 연주회 등이 연구실적물이 된다. 디자인 계열의 작품은 작년의 작품을 선(線)이나 색(色)을 조금 바꾸어 금년의 작품으로 제시한다. 어느 대학에서는 음악과 교수의 연구실적 심사에서 교회의 크리스마스 음악회를 지휘한 것을 연구실적으로 인정할 수 있느냐 없느냐를 가지고 논란을 벌인 해프닝도 있다.

연극학과에서는 자기학과 학생의 실습연극을 조그만 공연장에서 공연하고 그것을 기획·연출했다는 연구실적으로 제출해 논란을 일으키는 일도 흔히 있다.

연구실적의 제시도 매년 있는 것은 아니다. 승진연한이 되었을 때, 심사시기에 제출하는 것이니까 반평생 중 몇 번만 고심하면 되는 것이다.

한국학술진흥재단은 연구업적 관리를 위해 교수들이 스스로 학생연구자 정보사이트에 연구성과를 입력하도록 하고 있는데 학술진흥재단이 확보하고 있는 약 8만 명의 교수 가운데 반 이상은 3년간 한 번도 연구실적을 입력하지 않고 있는 것으로 집계되었다. 이를 보아도 교수들이 연구실적에 얼마나 태만한지 알 수 있다.

미국의 경우, 대부분의 대학에는 교수에 정년이 없다. 그래서 70세가 넘고 80세가 넘은 노교수도 있는 것이다.

그러나 그들이 마음 편하게 그 나이까지 교수를 할 수 있는 것은 아니다. 연구전담교수가 아닌 한 수강학생이 있어야 교수직이 유지된다.

아무리 전공필수 과목이라도 유사과목을 복수로 편성한다든가 해서 학생들에게 선택의 폭을 주도록 강의시간표를 작성한다. 결국 어느 교수에게 수강신청 학생이 계속 없으면 그 교수는 대학을 떠날 수밖에 없는 것이다.

또 미국, 프랑스, 독일의 대학사회 리더들은 초임교수 때부터 적자생존의 법칙을 뼈저리게 체험한다. 교수직을 '명예에 안주할 수 있는' 타이틀이라고 생각할 수 없는 것이다. 그래서 미국대학가에는 "편하게 살고 싶은가, 경쟁을 피하고 싶은가, 그렇다면 대학에 머물지 말아야한다"라든가, "미국대학의 조교수는 이혼당하는 남편 1순위다" 하는 말이 있다.

왜 이런 말이 나왔는가. 조교수에서 부교수로 승진하는 심사에서 두 번 탈락하면 대학을 떠나도록 되어 있는 대학이 많고 승진율은 50~60% 정도이기 때문이다. 미국 대학에서 몇 년째 같은 강의 노트를 쓰는 것은 상상할 수 없다. 그래서 강의준비와 연구논문 준비 때문에 개인시간이 항상 모자란다. 취미생활을 하거나 마음 편하게 친구들과 어울릴 시간이 없다. 가정생활에 충실하지도 못해 결국 이혼 당하는 교수가 적지 않다는 이야기다.

우리나라의 경우는 다르다. 전공 필수과목을 한 교수가 맡게 되고 전공 학생은 선택의 여지가 없다. 전공과목의 강의를 복수로 개설할 수 없을 정도로 교수 인력을 빡빡하게 유지하는 대학 사정도 있지만 유사전공 교수가 맡을 수 있는 과목도 교수

서로의 신분확보를 위해 전공별 강의분담을 선택의 폭을 주지 않게 편성하는 것이다. 경우에 따라서는 학과의 커리큘럼 자체가 교수중심, 교수편의주의로 편성되는 경향도 있다.

교수들 중에는 반평생을 편하게 보내는 사람이 있다고 하면 펄쩍 뛸 교수가 있을 것이다. 그러나 교수의 인사제도, 교과목 운영시스템에서 교수의 태평세월이 있을 수 있다는 현실을 부인하기는 어려울 것이다.

일본의 교수인사제도와 교과목 운영·시스템은 우리나라와 비슷하다. 그래서 일본교수들 자신이 "교수는 사흘 해보면 그만두는 사람이 없다" 혹은 "교수는 되기가 어렵지, 한 번 되면 정년까지 가는 것은 어려운 일이 아니다"고 실토하고 있다.

우리나라 모든 교수가 반평생을 편하게 보내거나 편하게 생각하는 것은 아니다. 박사학위를 받고 정년까지 교수직에 머문다면 30년~35년을 대학에서 생활하게 된다. 짧지 않은 그 반평생에 많은 애환(哀歡)을 겪게 된다.

사람들은 돈·여자(혹은 남자)·명예 세 가지를 출세의 기준으로 삼는다. 교수는 이 가운데서 당초부터 돈에 관해서는 욕심을 내지 않는다. 또 여자에 관해서는 교수라는 간판 때문에 그다지 꿀리지 않는다. 가장 착잡한 것은 명예다. 교수라는 것 자체가 명예스러운 것이지만 달리 명예를 떨칠 수가 없기 때문에 욕구불만을 가질 수가 있다. 그래서 교수들은 다른 직업인에 비해 자존심이 대단히 강하다.

서울대학 철학과의 박종홍(朴鍾鴻) 교수가 미국 미네소타대학에 교환교수로 갔을 때, 그 대학에서 박사과정을 밟고 있던 제자〔구본호(具本湖) 전 KDI 원장, 울산대학 총장〕의 방문을 받고 이런 대화를 나누었다.

“저는 선생님의 “변증법 연구” 강의를 재미있게 들었습니다. 이해를 할 수 있을 것도 같고, 이해하지 못하는 것 같기도 했는데 그래도 학점은 A를 받았습니다.”

“모든 학생이 강의를 전부 이해한다면 그 강의는 아무데서나 들을 수 있는 내용이라는 뜻 아닌가. 알듯하기도 하고 모를 것 같기도 했다면 자네는 훌륭한 학생이고 나는 훌륭한 교수지.”

박종홍 교수는 매우 겸손하고, 말수도 적은 신사였다. 그러나 그도 자신이 훌륭한 교수라고 자찬할 정도로 자존심이 강했던 것이다.

교수들은 자존심이 강하기 때문에 그들의 가장 큰 희열은 학계나 관련 산업계에서 인정을 받았을 때이다.

제자가 대성했을 때도 보람을 느끼지만 자신보다 상위의 성취를 이루었을 때는 조금은 어색하게 생각한다. 자존심과 연결되기 때문이다. 그래서 오히려 여러 제자들이 함께 자신을 환대했을 때 큰 기쁨을 느낀다.

대학교수에게는 강의와 연구 외에도 의외로 잡일이 많다. 대학이나 학과운영과 관련된 여러 회의는 귀찮은 일이고, 학생충원을 위한 홍보업무는 짜증스러운 일이다. 장기결석 학생의 관리나, 졸업생 취업을 위한 대외활동은 남이 해주었으면 하는 일이고, 학부·학과운영과 관련된 행정서류는 일반직원이 담당해야 마땅하다고 생각한다.

이런 잡사는 조직의 일원으로서는 당연히 수행해야 하는 일인데도 불구하고 "교수는 강의와 연구만 하는 것"이라는 고정관념에 사로잡혀 반평생을 우울하게 보내기도 한다.

변호사나 건축가는 자기가 원하는 양만큼 일하면 된다. 그러나 교수는 개인교수로 지내지 않는 한 대학이라는 조직 속에서 불가피한 잡사도 기꺼이 받아들여야 한다. 그것이 반평생 동안 겪을 애환(哀歡) 중 '애'를 줄여가는 길이다.

팔짱 낀 교수와 여학생

별로 수준 있는 작품은 아니지만 일본영화 중에 이런 것이 있었다. 나이가 지긋한 교수와 제자인 여학생의 연애 이야기다. 연애라기보다 침실장면이 많이 나오는 통속적, 외설적 영화다. 그 교수에게는 가정이 있었고 여학생에게는 결혼을 약속한 애인이 있었다. 가정은 파탄나지 않았고 여학생은 애인관계를 그대로 유지하고 있었다.

교수와 여학생이 가깝게 된 것은 성적 문제를 상의하기 위해 교수 댁을 방문한 것이 계기였다. 이 학생은 직장이 있어 출석이 별로 좋지 않아 성적이 걱정되었기 때문이다.

계기는 어떻든 두 사람은 관계가 깊어졌고 교수는 "우리가 이래서는 안 되는데…"라는 말을 몇 번이고 했다. 그럴 때 여학생의 대답은 "나는 교수님이 좋은데 어떻게 해요. 교수님은 제가 싫으신가요?”였다.

교수도 그렇고 여학생도 그렇고, 얼굴에 우수라고 할까, 걱정이라고 할까…, 그늘이 노상 드리우고 있었다.

결국 두 사람 사이가 불행하게 끝나는 줄거리지만 교수와 여학생 간에는 간혹 불미스러운 일이 있다.

미국의 많은 대학에서는 초임교수에게 오리엔테이션을 시행하는데 여학생을 다루는 방식에 대한 부분이 꼭 들어간다는 것이다.

그 골자는 첫째, 강의 때 특정 여학생을 자주 보면서 강의하지 말 것, 둘째, 성적처리는 공정해야 하지만 특히 여학생의 성적처리는 절대적으로 공정해야 한다는 것 등이라고 한다.

여학생 중에는 가슴이 비치는 블라우스에 미니스커트를 입고 교수 방에 찾아와 애교를 떠는 학생이 간혹 있다는 얘기를 미국 대학의 교수에게 들은 적이 있다. 유혹에 넘어가지 않고 버틴 것이 스스로 용하게 생각된다는 말을 덧붙였다.

일본이나 미국 얘기까지 갈 필요가 없다. 우리나라 대학에서도 표면에 드러나게, 안 드러나게 교수와 여학생 관계의 사건이 자주 있다. 그래서 생겨난 것이 성희롱 방지조치다. 이 조치는 법적 조치다. 여성발전기본법에 따라 "공공기관의 성희롱예방지침"(여성부 고시), "교육인적자원부 성희롱 예방지침"(교육부 고시)이 있고, 이 지침에 따라 각급학교에서는 교직원 상대로 1년에 두 번 "성희롱 예방교육"이라는 것을 실시한다.

이 성희롱 예방교육의 성과가 얼마나 있는지에 대해서는 아무 자료가 없으나 "주의환기"의 효과는 있을 것 같다. 또 성희롱 사건의 실례, 그것도 처벌결과를 들어 실감 있게 교육한다면 성희롱의 잠재적 위험자에게는 큰 효과가 있을 것 같은 생각이 든다.

여학생들 중에는 교수를 좋아하는 학생이 있다. 반드시 남성으로서가 아니라도 존경심, 인간적 매력, 교수라는 신분 등 여러 가지 이유로 좋아할 수 있을 것이다.

그래서 여학생은 잘 아는 교수의 팔짱을 끼기 좋아한다. 젊은 교수에게는 젊기 때문에, 나이든 교수는 존경심의 표시와 또 자기가 유명교수와 친하다는 것을 자부하기 위해 팔짱끼기를 좋아한다.

팔짱끼기는 그래도 괜찮다. 영화구경을 함께 갔다면 이야기가 복잡해진다. 교수와 학생이 영화이야기를 하다가 극장에 함께 가자고 학생이 조를 수도 있고 교수가 제의할 수도 있다. 그러나 그 학생이 여학생인 경우, 다른 학생 눈에 띄면 이상한 소문이 나게 되어 있다. 여학생 2~3명과 함께 가더라도 소문은 비슷해진다.

여학생을 좋아하는 남학생이 몇 명 있는 경우가 많은데 그 극장동행이 그 남학생 눈에 띄면 소문이 고약해진다. 여학생이 2~3명이었더라도 "교수와 여학생 아무개가 좋아하는데 나머지 학생은 들러리"라든가, 극장이 끝나고 따로 2차가 있었을 것이라는 등 상상의 꼬리를 붙여 삽시간에 소문이 퍼진다.

그래서 교수가 여학생과 단둘이 식사를 한다든가 극장에 가는 것은 지뢰밭을 걷는 것과 비슷하고, 게릴라가 우글거리는 정글을 지나는 것과 비슷하다.

학생들의 MT나 그룹 회식자리에서 술기운에 여학생 허벅지를 한 번 만졌다고 해서 시끄러워지는 일도 있다. 때로는 사실이 과장되어 징계까지 가는데 사실의 확대·과장은 당사자 여학생의 남자친구가 앞장서는 경우가 많다.

이런 사건을 옆에서 지켜본 어느 교수는 이런 말을 했다.

"성숙하고 매혹적인 여학생에게 눈길이 가는 것은 어쩔 수 없습니다. 그래도 독한 마음먹고 자제해야 합니다. 방법은 간단합니다. 여학생을 동생이나 조카로 생각하는 것입니다."

강사 위에 조교

'선생'이라는 호칭은 가르침을 주신 분이나 존경하는 사람에게 붙이는 것이다. 김대중 전 대통령을 따르는 사람들은 대통령 당선 전에 거의 '선생님'으로 불렀다. 특별한 가르침이 없어도 존경의 뜻으로 그렇게 불렀다.

대학에는 이상한 풍습이 있다. 교수들이 조교에게 '선생'이라고 부르는 것이 그것이다. 교수 가운데는 선생을 안 쓰고 이름에 '씨' 자를 붙이는 경우도 많은데 외래교수들은 모두 선생으로 호칭한다. 나이가 20~30세 밑이라도 그렇고, 심지어 제자인 경우에도 그렇다.

그 배경엔 이런 사정이 있다. 시간강사, 겸임교수, 초빙교수 등 외래교수는 학과장이나 학부장이 관리하는 것이 당연하다. 그런데 학과장이 이것을 조교에게 맡겨버리는 경우가 많다.

강의시간 배정에서 출결관리, 그밖에 행정처리를 조교가 몽땅 하다보면 외래교수에게 조교는 상전이다. 그래서 학생이 조교를 호칭할 때처럼 강사도 조교를 선생이라 부르고, 그렇게 불러 주지 않고 씨자를 붙이면 조교의 표정이 언짢아진다.

외래교수는 그 대학의 손님이다. 그래서 객원교수(客員教授)라는 명칭도 있다. 손님을 제대로 대접한다면 학과장이나 학부장이 외래교수를 관리하는 것이 당연하다. 그럼에도 불구하고 학과장, 학부장이 손님에 소홀한 경우가 많다.

서울 M대학의 외국인 초빙교수는 이런 일도 당했다. 부임한 지 한 달이 지나고 월급 지급일도 지났는데 급여가 입금이 안 되어 있었다. 이 외국인 교수는 월급으로 생활비를 충당할 작정이었기 때문에 며칠이 지나 학과장에게 이야기를 했다.

학과장은 "조교가 알아서 할 일이었다"면서 미안하다는 이야기조차 없었다. 두 달째도 월급이 안 나왔다. 학과장이 챙기지 않았거나, 학과장이 조교에게 지시했는데 그 조교가 잊어버렸거나 둘 중 하나일 것이다.

이 외국인 교수는 친구에게 돈을 빌려 생활비를 썼고 석 달째야 월급을 받게 됐다. 이 외국인 교수는 교내에 있는 게스트룸에서 기거했는데 고장난 방 자물쇠를 고쳐 달라고 요청해도 부지하세월이고, 전에 방을 쓰던 사람이 놓고 간 짐도 좁은 방 한 구석에 그대로 있었다. 이 외국인 교수는 학교에 도저히 정을 붙일 수가 없었다. 결국 한 학기만 마치고 학교를 떠났다.

봉급날짜나 열쇠 고치는 따위가 외래교수 관리에서 중요한 것은 아니다. 그보다는 학사관리가 훨씬 중요하다. 외래교수의 강의내용은 충실한가, 강의수준의 눈높이는 적절한가, 휴강·결강은 없는가, 학생 성적처리는 공정성, 형평성을 유지하고 있는가 등을 체크하는 일이다. 이런 일은 당연히 학과장 또는 학부장의 임무다.

그러나 실제는 이와 조금 거리가 있다. 강의를 위촉하면 그것으로 끝나고, 교수들과의 회동이 학기 내내 한 번도 없는 경우도 많다. 이런 경우 강사들은 편한 반면 소속감을 가질 수 없어 소외감을 느끼고, 결국 강의에 신바람을 낼 수가 없다.

30년 전, 50년 전에는 명문대학의 일류교수들도 한 대학에서만 강의하지 않고 다른 대학에 강의를 나갔다. 교수의 월급은 최저생계비도 안 되는 박봉이었던 데다가 대학은 교수의 절대수 부족으로 이 대학 저 대학에서 유명교수를 강사로 모셔갔다. 책가방을 들고 이 대학 저 대학으로 전전하는 교수들을 가리켜 '보따리장수'라고 했다지만, 사실은 교수와 대학이 서로의 수요와 공급을 맞추어 나간 셈이다.

오늘날에는 사정이 많이 다르다. 교수지망자와 학위취득자가 급증해 교수의 수요보다는 공급이 훨씬 웃돈다. 그래서 외래교수를 "모신다"는 말은 잘 맞지 않게 됐고, 많은 적임자 가운데서 대학이 "고르는" 입장이 되었다. 초빙교수나 겸임교수를 공모하는 경우 50:1 정도의 경쟁률을 보일 때도 있다.

아무리 공급이 수요를 넘는 상황이라도 일단 임용되면 강사도 교수로서의 응분의 대우를 받아야 한다. 그럼에도 불구하고 홀대받는 경우가 많아 강사들은 비애를 느낄 적이 있다. 이런 비애는 대학측이나 학과장의 불성실에서 생기게 된다.

공급이 수요를 넘다보니 공급의 질도 높아질 수밖에 없다. 훌륭한 강사가 많다는 얘기고 대학의 문턱이 높아 이들이 전임교수가 될 기회가 매우 적다는 얘기다.

K대학에 시간강사로 나가던 L씨는 학생들간에 인기가 높았

다. 다른 교수들의 강의내용, 강의방식과 달라 학생들에게 신선함을 주었던 것 같다. 강의는 실용주의 중심이고, 한 달에 한 번은 토론식 강의였다. 맡은 강좌는 교양 선택과목이었는데, 학생들 소문 탓으로 다음 학기에는 수강신청 학생이 2백 명 가까이 됐다. 일은 이것으로 끝나는 것이 아니다. 다른 전임교수가 맡은 똑같은 이름의 강좌에는 수강신청 학생이 적어 폐강이 되었다. 결과적으로 L씨는 전임교수에게 누를 끼쳐 몸 둘 바를 몰랐다.

이런 사태를 겪은 후 대학에서는 같은 이름의 강좌를 전임교수와 시간강사에게 동시에 열지 않았다. 수강인원이 많을 듯하면 시간강사들에게만 배정했다.

L씨는 그 대학에서 시간강사로서의 비애도 있었지만 과교수들의 견제까지 받는 어려움을 겪었다고 실토했다.

모든 대학은 강의평가 제도를 시행하고 있다. 이는 학생들 상대로 강의만족도를 조사 · 집계해서 강의내용이나 강의방식을 개선하는 자료로 쓰고, 또 교수의 업적평가의 자료로 삼는 제도다.

이 강의평가에서 전임교수보다 훨씬 높게 평가받는 외래교수가 있을 수 있다. 그런데 여기에 감정의 엇갈림이 생기는 것이다. 강사가 같은 전공분야 혹은 유사 전공분야의 전임교수 실력이나 학력에 관해 학생들에게 은근히 비하하는 게 아닌가 의심을 받게 되고, 실제로 그런 일로 해서 학과에 대한 또는 소속교수에 대한 불신 · 불만이 생기는 경우가 간혹 있다.

시간강사는 전임교수가 될 기회를 보느라고 고달픈 강의를 계속 맡는 경우도 있고 학생들을 가르치는 데 보람을 느껴 강단에 서는 경우도 있다.

생활에 보탬은 크게 되지 않는다. 시간강사의 강사료는 적게는 시간당 2만 원, 많게는 4만 5천 원 선이다. 일주일에 4시간을 맡는다면 월급여가 30여만 원~70여만 원인 셈이다. 그래서 생활에 보탬이 되기 위해 몇 개 대학을 시간강사로 뛰는 사람도 있다.

외래교수의 수는 전임교수의 숫자보다 많다. 그렇게 된 이유는 첫째, 대학의 예산운용상 인건비를 절감할 수 있기 때문이고, 두 번째는 전임교수의 신분보장시스템 때문에 교수인사에 유연성이 없는 이유도 있다. 순수한 교육적 측면으로는 전임교수가 커버할 수 없는 전문분야 혹은 실무분야는 외래교수에게 의존할 수밖에 없는 사정도 있다.

이유야 어쨌든 전임교수보다 외래교수(시간강사, 겸임교수, 초빙교수, 객원교수, 명예교수, 석좌교수 등)가 많다면 그들이 대학교육에 기여하는 바는 대단히 크다고 보아야 한다.

대학은 교수의 공급이 넘치는 측면만 보지 말고 공급의 질도 높아졌다는 사실을 고려해야 할 시대가 된 것 같다. 게다가 외래교수들이 맡고 있는 시간적 비중과 교육적 성과를 생각한다면, 대학은 마땅히 외래교수 관리에 성실해야 한다. 그것이 바로 교육의 내실화로 연결되기 때문이다.

모든 나라는 정부재정으로 보통교육뿐 아니라 대학교육을 지원하고 있다(국립대학이 없는 미국은 주 정부가 지원하고 있다). 이 가운데 독일의 대학재정지원은 주목할 만하다. 외래강사는 강의 이외의 다른 역할이 별로 있는 것도 아닌데 외래강사의 급여 지원을 정부가 하는 전통이 있는 것이다. 특히 철학 · 언어학 · 예술부문 등의 강사지원에 중점을 두고 있는 것을 보면, 강사지원은 바로 학문의 지원이고 교육지원의 의지임을 알 수 있다.

제3부

교수님, 아 교수님

진정한 Mentor, 모리 교수

'트로이의 목마'로 유명한 트로이 전쟁에 나서면서 그리스의 왕 오디세우스는 친구인 멘토에게 아들의 훗날을 부탁했다. 아들은 아직 어렸기 때문에 왕에게 불행한 일이 생겨도 아들이 뒤를 이을 수 있게 돌봐 달라는 것이었다.

멘토링(*mentoring*)이라는 말은 여기에서 생겨났다. 멘토링과 비슷한 단어로 튜터링(*tutoring*)이 있는데 튜터는 가정교사 또는 개인교수의 좁은 뜻밖에 없지만 멘토는 조언자, 스승, 친구, 대리인, 후견, 상담역, 고문의 복합적 의미의 단어이다. 멘토의 상대방은 멘티(*mentee*)이다.

중세시대, 장인(*master*)들의 기술전수를 멘토링이라 할 수 있다. 그들은 단순히 기술만 전수한 것이 아니라, 인격형성에도 많은 영향을 주었기 때문에 단순한 교사나 상사가 아니었다.

근대에 들어서 학술연구, 대중문화, 예술분야와 도제적 작업장에서 사실상 멘토링이 많이 시행되었으나 멘토링의 방법론이나 성과에 대해서는 아무런 분석 · 평가가 없었다.

1980년대 초 미국의 전반적 불경기 속에서 한 기업이 불황극복에 성공했고, 그 배경이 멘토링이었다는 사장의 말에서 비롯되어 멘토링이라는 용어가 일반화되었다.

오늘날에는 기업, 교육기관, 정부공공단체, 비영리단체에서 멘토링이 광범위하게 도입 · 시행되고 있다. 그 시행의 방식도 다양하다.

미국의 전자회사 휴렛 팩커드(Hewlett Packard)에서는 직원과 고위관리직을 짝지어 준다. 프랑스의 화공회사 듀폰(Du Pont)에서는 관리자들의 기술 · 경험을 적은 기록을 직원이 보고 각자 자신의 멘토를 선택토록 한다. 또 일본의 가전제품회사 소니(Sony)에서는 신입사원에게 이름표를 달게 하고, 직원은 신입사원의 이름을 익히게 하는 것에서 시작한다. 소니의 전 회장 모리타 아키오는 "소니의 성공의 기초는 멘토링이다" 라고까지 했다.

근래에는 멘토링 전문가도 나오고 멘토링에 관한 저술도 늘어나고 있다. 전문가들이 말하는 멘토링은 이런 것이다.

〈멘토링의 내용〉

— 멘토링은 가르쳐 주는 것이 아니다. 도와주는 것이고, 격려하는 것이다. 무엇을 도와주는가.

① 개인적 고충을 이해해주고 그 해결책을 함께 모색하는 것이다.

② 좌절감에서 벗어나도록 해주는 것이다.

③ 자신감을 갖도록 해주는 것이다.

④ 직무(또는 학업)에 흥미를 갖도록 동기를 유발하고 뒤처져 있으면 개인지도를 해준다.

⑤ 직장(또는 학교)에 재미를 붙이도록 한다.

⑥ 사물을 긍정적으로, 세상을 밝게 보게 도와준다.

〈멘토링의 기본요건〉

① 멘티의 이름을 외우는 것은 필수적이다.

② 멘티의 환경을 알아야 한다. 가정환경, 성장배경, 교우(交友)관계 등 모든 환경을 파악해야 한다.

③ 개인적 고민을 알아야 한다. 그것이 자신의 성격문제이든, 남녀관계이든, 경제문제이든, 누구에게나 크고 작은 고민은 있는 것이다.

④ 장래의 희망과 그가 생각하는 장애물을 알아야 한다.

〈멘토링의 방법〉

① 개인면담이 가장 이상적이다. 그것도 찾아오는 것을 기다리는 것이 아니라 불러서 하는 적극적 멘토링이어야 한다.

② 집단토론 — 직장생활(또는 학교생활), 사회문제, 시사문제 등을 주제로 하면 일반성이 있고, 조직의 특정 내부문제에 관해 케이스 스터디로 토론을 하는 것도 효과적이다. 이 집단토론에서는 참여자 전원이 토론에 참여토록 유도하는 것이 중요하다.

③ 문화체험 — 음악, 영화, 전람회 등을 함께 관람하며 해설을 곁들이는 것이 좋다. 관람 후에는 함께 소감을 나누는 여유로운 시간을 갖는 것이 필요하다.

④ 자연스러운 회식 — 용건과 명분을 앞세우면 부담스럽거나 긴장을 준다. 편안한 분위기에서 진심이 토로될

수 있기 때문에 자연스러운 회식이 좋다.

⑤ 봉사활동 — 사회를 이해하고 베푸는 자세를 익히는 데 효과적이다. 경제적으로 여유가 있는 멘티, 이기적이거나 폐쇄적인 멘토에게는 특히 필요하다.

〈멘토링의 요령〉

① 멘토 자신의 즐거운 마음이 필수적이다. 공식적이거나 제도적인 필요에 의해 멘토링을 하는 모습이면 멘토링은 하나마나이다.

② 단회적이 아니라 지속적인 관심표명이 있어야 한다. 아름다운 상하관계나 교수·학생관계는 단회적 멘토링으로는 불가능하다.

③ 멘토는 자신의 약점을 드러내는 것이 좋다. 멘티의 약점이나 고충을 멘토도 갖고, 겪었다고 털어 놓음으로서 공감대·동류의식(同類意識)을 갖게 할 수 있다. 초임사원 때 이야기 혹은 교수 자신의 학생시절 이야기는 그 자체로서 멘티에게 흥미와 인간미를 느끼게 한다.

④ 감동을 주어야 한다. 마음의 흔들림이 즉각적으로 나타나지 않아도 좋다. 서서히 또는 언젠가 마음이 흔들리

도록 하는 것이 "격려"다.

⑤ 멘티의 잠재력을 일깨워준다. 고등학교만 졸업하고도 대통령이 되고, 고등학교를 다니지도 못하고 벤처기업으로 성공한 사례를 들려주는 등 스스로 일깨울 수 있고 용기를 가질 수 있게 해야 한다.

〈멘토링의 기대 효과〉

① 개인의 자각, 직장 또는 학교의 분위기가 달라지는 등 보이지 않는 효과는 정확한 측정이 불가능하다. 그러나 직장인의 이직률, 직장인의 직장 만족도 조사와 대학의 경우, 학생의 자퇴율, 학교 만족도 조사로 멘토링의 효과를 설명할 수 있다. 그 조사에서 어떤 추세가 보인다면 멘토링의 효과는 수치가 보여주는 것 이상으로 막대하다고 보아야 한다.

② 눈에 보이는 효과를 짐작한다면, 신년에 사장실 또는 교수연구실로 찾아와 인사하고, 정원에 꽃이 만발한 봄날 사진을 함께 찍자는 직원이나 학생이 있으면 멘토링에 성공했다고 볼 수 있다. 세월이 지난 후 다음과 비슷한 편지를 받는다면 그 멘토는 대성공이다.

〈나의 멘토에 대한 감사의 글〉

— 로이드 머리(Lloyd Murray, TWA사장)

할 수 있다면, 나는 내 멘토에게서 받은 것들을 되돌려 주겠다. 하지만 그럴 수 없다. 그에게서 받은 것은 결코 돌려주지 못하고 그저 지나가 버리는 것이기 때문이다. 그 대신 이렇게 말하고 싶다. 언제나 내 말을 들어주셔서 감사합니다. 나를 위해 시간을 내줄 만큼 한가하지 않으셨음을 압니다. 많은 문제와 이야기와 농담까지 기꺼이 경청해 주셔서 감사합니다. 어려운 고비마다 통찰력을 주셔서 감사합니다. 샌드위치를 함께 먹어주셔서 감사합니다. 당신이 알고 있는 지식을 가르쳐 주셔서 감사합니다. 여러 가지를 질문해 주셔서 감사합니다. 무엇보다도 "친구가 되어 주셔서" 감사합니다!

우리나라에는 대학이 350개(4년제 대학 201개, 전문대학 148개) 있다. 대학원 학생 수를 포함해 대학생 수는 350여만 명, 교수는 7만여 명이다.

학생들이 모두 장래의 목표를 뚜렷이 가졌거나 야심차게 공부하면 좋겠지만 그렇지는 않다. 확실한 통계는 없지만 목표를 정하지 못해 고민하는 학생, 자신감을 갖지 못해 운명에 스스로를 맡기고 있는 학생, 학교생활 이외의 문제(가정문제, 인간관계 등) 때문에 학업에 열중하지 못하는 학생 등을 모두 합치면 그 수는 전체 학생의 4분의 1 정도는 넘지 않을까 생각된다.

이들에게 무엇이 필요한가. 바로 멘토다. 교수는 지식을 전달하는 것이 본령이다. 그러나 지식을 전달하는 강의보다 중요한 것이 멘토링이다.

학생들이 강의에 흥미를 갖지 못하면 그 이유를 분석해 흥미를 갖도록 강의방식을 바꾸어야 하고, 학교생활에 충실하지 못하면 그 배경을 알아보고 고민을 덜어주어야 한다.

대학에서 멘토링 또는 튜터링을 시행하는 것은 일반화되어 있다. 미국의 많은 대학은 교수에게 주당 오피스 아워(*office hour*) 8시간을 의무화하고 있는데, 이는 단순히 교수연구실을 지키라는 것이 아니고 학생들과의 접촉시간을 위한 멘토링의 권고다.

우리나라에서는 멘토링을 교과목에 넣어 전체학생이 멘티가 되도록 교수들이 멘토를 분담하고, 멘토링 시행을 위한 예산도 따로 집행하는 대학이 있다.

이 대학에서 멘토링을 운영하면서 학생들의 반응을 조사해 본 결과가 흥미롭다. 멘토링제도의 계속 시행을 희망하는 학생은 80%가 넘었고 긍정적인 답변도 많았다. "교수님과 친밀감을 갖게 되어 좋다", "대학에서 이런 개인상담이 있다는 데 놀랐다", "멘토링 시간이 기다려진다"는 응답도 많았다.

멘토링제도의 공식적 운영에 문제점이 없는 것은 아니다. 멘토링의 형식화 또는 이벤트화가 그것이다. 형식화는 멘토링에 대한 인식이 부족한 멘토가 마지못해서 멘토링을 하는 경우에 행정적 · 절차적 행사로 끝난다는 뜻이고 이벤트화는 문화체험이나 회식이 놀이나 재미로 끝나는 경우를 말한다.

결국 멘토링이 멘토링답기 위해서는 멘토의 인식이 중요하다. 강의보다 중요한 것이 학생과의 스킨십이라는 인식이다. 대학교수 7만여 명 중 이 점을 심각하게 생각해본 교수는 몇 명쯤이 될까? 반은 넘을까? 짐작이 되지 않는다.

우리는 진정한 멘토의 모습을 모리 교수에게서 찾을 수 있다. 모리 슈워츠(Morrie Schwartz)는 미국 브랜다이즈 대학(Brandeis Univ.)의 사회심리학 교수다. 그가 끈적끈적한 스킨

십을 나눈 멘티는 1990년대 말 미국의 베스트셀러 《모리와 함께한 화요일》을 쓴 미치 앨봄(Mitch Albom) 이다.

미치는 유명작가도 아니고 브랜다이즈 대학 동창생이 기억해 주는 모리의 수제자도 아니다. 모리 교수가 죽기 전 3~4개월 동안 거의 매주 화요일에 만났던 일을 책으로 펴낸 것이 베스트셀러가 되었고 같은 제목으로 영화화된 작품은 ABC TV가 방영해 시청률 48%라는 기록을 세웠다. 이 영화는 2000년 에미상에서 최우수 남우주연상(모리 교수 역), 최우수 남우조연상(미치 역) 을 휩쓸었다.

미치가 모리 교수의 강의를 처음 들은 것은 1974년 봄. 첫 시간에 모리 교수는 20명 남짓한 학생의 출석을 부르며 학생들과 눈을 맞추고 있었다.

"미첼!, 미치라고 부르는 편이 더 좋은가? 아니면 미첼이 더 낫겠나?"

미치가 선생님에게서 이런 질문을 받기는 난생 처음이다. 은빛 머리카락이 덥수룩하게 이마를 덮은 모리 교수의 얼굴은 잔잔한 미소를 짓고 있었다.

"미치가 좋습니다. 친구들은 저를 미치라고 부르거든요."

"좋아, 그럼 나도 미치로 하지."

"네!"

"언젠가 자네가 나를 친구로 생각해주길 바라네."

미치는 두각을 보인 학생은 아니었다. "미첼"이 아닌 "미치"가 동기가 됐는지 몰라도 미치는 모리 교수를 좋아했다. 그의 연구실에 가끔 찾아가면 모리 교수는 그를 교정의 큰 나무그늘로 데리고 나가 세상이야기를 하곤 했다.

"미치, 너는 장차 무엇을 할 거야?"

"멋진 피아노 반주자가 돼보고 싶군요."

"너는 잘할 거야. 확실한 목표가 있고 성실하면 성공하는 거니까."

이런 대화도 나누었다.

졸업식 날 미치는 졸업식이 끝난 후, 부모님을 모리 교수에게 소개했다. 미치는 미리 준비한 손가방도 선물했다.

"미치, 자넨 좋은 친구야"라면서 모리 교수는 미치를 껴안았다. 미치는 키가 크고 모리 교수는 체구가 앙상했다. 미치는 모리 교수의 팔을 등에서 느끼면서 잠시 자신이 부모가 되고 선생님이 아이가 된 듯한 묘한 착각에 빠졌다. 모리 교수는 계속 연락하겠냐고 물었고 미치의 대답은 "그럼요"였다.

모리 교수가 팔을 풀고 뒤로 물러섰을 때 미치는 교수님이 눈물을 적시고 있는 것을 보았다.

미치가 모리 교수를 찾아뵌 것은 16년이 지나서다. 이곳저곳으로 직장을 옮기다가 디트로이트의 한 신문사에서 기자로 자리를 잡았을 때다. 어느 금요일 밤 텔레비전에서 흘러나오는 소리에 "모리 슈워트"라는 이름이 튀어나왔다. 미치는 갑자기 정신이 멍해졌다. 그가 어느 직장에서 일하든간에 모리 교수의 말을 떠올리거나 모습을 떠올린 적이 한두 번이 아니었다. 모리 교수와는 천 마일이나 떨어져있고, 크게 성공한 것도 없고, 노상 일에 쫓기다보니 교수님에게 연락 한 번 못했는데 병상에서 인터뷰하는 장면에 나오는 모리 교수의 이름을 듣고 그는 소스라치지 않을 수 없었다. 한편으로 후회스럽고 또 스스로 죄를 지은 것 같은 생각이 들었다.

모리 교수는 1994년 봄 루게릭병의 진단을 받았다. 루게릭병은 영국의 유명한 물리학자 스티븐 호킹 박사도 걸린, 원인불명의 불치의 질병이다. 루게릭병은 촛불과도 같다. 신경을 녹여 몸에 밀랍 같은 것이 쌓이면서 근육의 힘이 빠져간다. 의사는 약 2년쯤 살 수 있을 것이라 했다. ABC TV의 유명한 토크쇼 〈나이트 라인〉의 사회자 테드 코펠이 매사추세츠 월섬에 있는 모리 교수의 집을 방문해 인터뷰한 것이다.

미치는 다음 주 화요일 보스턴행 비행기를 탔다. 공항에서는 교수님께 드릴 음식도 좀 샀다.

"내 오랜 친구, 마침내 자네가 왔구먼."

모리 교수가 미치를 보고 한 말이다. 그리곤 미치를 끌어안고 성긴 머리카락을 뺨에 대고 비볐다. 미치도 선생님을 꼭 끌어안았다.

미치는 그후 시간이 나는 대로 보스턴으로 날아갔다. 대학에서도 모리 교수의 강의는 주로 화요일이었다. 그러나 그들의 만남은 오래갈 수 없었다. 열네 번째 화요일, 모리 교수는 말하기조차 힘들어했다.

"오늘은 … 상태가 … 좋지 못하군…."

"내일은 괜찮으실 거예요."

"손 좀 잡아주게."

선생님은 미치의 손을 앙상한 가슴에 한참동안 가져다 댔다.

"저는 곧 돌아가야 하는데, 어떻게 작별인사를 해야 될지 모르겠네요."

"우리 … 이렇게 … 작별인사를 … 하자고…."

선생님은 조용히 숨을 쉬었고 미치는 갈비뼈가 오르락내리락하는 것을 손바닥으로 느꼈다.

"자네를 … 사랑하네…."

"저도 사랑해요."

"그거 … 아네…."

선생님은 눈을 가늘게 뜨더니 어느새 울기 시작했다. 꼭 어린아이처럼. 얼굴을 일그러뜨리면서 눈물을 흘렸다. 미치는 몇 분간 선생님을 꼭 끌어안고 있었다. 미치는 얼굴을 떼며 다음 화요일에 다시 오겠노라고, 그때는 더 건강하시길 바란다고 가볍게 미소 지었다. 눈에서는 눈물이 나와 돌아서면서 눈을 깜박였다.

"음 … 이젠 … 괜찮아…."

선생님은 속삭였다. 이것이 그들의 마지막 만남이었다. 그

주 토요일에 모리 교수는 운명했고, 다음 화요일 장례식에는 미치도 참석했다.

미치가 서너 달 동안 모리교수와 만나 나눈 이야기를 묶은 것이 《모리와 함께한 화요일》(*Tuesday with Morrie*)이다. 미치는 이 책을 모리 교수에게서 들은 인생강론의 졸업논문이라 했고 모리 교수의 장례식을 졸업식이라고 했다.

미치는 이 책의 에필로그에 이런 말을 썼다.

> 이 글을 읽는 당신(독자)에게도 진정으로 그리워할 스승이 있었는지, 당신을 있는 그대로 귀한 존재로, 닦으면 자랑스럽게 빛날 보석으로 봐준 그런 스승이 있는지. 혹시 운이 좋아서 그런 스승을 찾아냈다면, 그에게 다시 가는 길도 찾을 수 있을 것이다. 머리 속으로 그럴 수도 있고, 나처럼 선생님의 침대 곁으로 직접 찾아갈 수도 있을 것이다.

정글의 사자, 랜디 포시 교수

돈을 벌기 위해 대학교수가 된 사람은 없다. 대학총장이라는 명예로운 자리를 목표로 교수를 시작한 사람도 없을 것이다.

직업군(群)으로 보면 교수직은 하이클래스 직업이다. 학력은 높고, 사회적으로도 존경받는다. 특히 교수는 직업으로서 안정적이다. 사회가 아무리 격동을 해도 대학은 바람을 적게 타고 교수는 큰 말썽이 없는 한 정년까지 신분이 보장된다.

학문의 길이 좋아서, 혹은 젊은 학생들을 가르치는 것에 보람을 느껴서 교수를 택한 사람도 많다. 보람. 단순한 생업으로서가 아니라 연구와 교육에 보람을 갖는다면 그 사람은 진정한 교수다. 자기아이들을 사랑하는 것과 똑같이 학생들을 사랑하고, 교수를 천직으로 생각해 생명이 다할 때까지 강단에 서는 것은 아름다운 이야기다.

랜디 포시(Randy Pousch)는 미국 피츠버그에 있는 카네기멜론 대학의 컴퓨터공학 교수다. 그는 40대 나이에 췌장암에 걸려 3~6개월의 시한부 인생을 살고 있었다.

대학에서는 마침 그에게 "마지막 강의"를 제안했고 그는 이를 수락했다. 고별강연을 듣기 위해 청중들은 4백 명 정도를 수용하는 강당을 꽉 메웠다. 랜디 포시는 슬라이드를 준비하는 등 강의에 필요한 도구들을 단상에서 점검하는 동안 생각했다. 암에 걸려 죽어가는 사람은 어떻게 생겼는지 구경하러 온 사람도 분명히 있을 것이라고.

그는 강의 서두에 자신의 병상에 대해 설명했다. 종양은 몇 개고, 의사의 진단은 무엇이고…. 그리곤 강단 중앙으로 걸어 나가 바닥에 엎드려 팔 굽혀펴기를 시작했다.

청중들 사이에서 웃음이 터져 나왔다. 탄성과 함께 박수갈채가 쏟아졌다. 그는 청중에게 죽어가는 남자가 아니었다.

랜디 포시는 그렇게 재미있고 낙천적이다. 그가 강의를 마치고 쓴 책 《마지막 강의》는 바로 베스트셀러가 되었고(한국어 번역판은 2008년 6월 출간) 인기 TV토크쇼 〈오프라 윈프리〉 쇼에도 출연해 일약 유명인사가 되었다.

그의 마지막 강의내용은 어찌 보면 평범했다. 자신의 성장과정, 연구생활 등 사생활과 개인적 경험을 설명하면서 "꿈은 크게 꾸어라", "성실함이 겉멋보다 낫다", "사람들을 집중시켜라" 등 지극히 교훈적인 교양강좌를 했다.

이 강의중에는 교육에 대한 그의 신념도 나타나 있다. 그는 교육은 학생 또는 학부모에 대한 "고객 서비스"라는 말에 동감할 수 없다고 했다. 교육은 지식의 판매업이 아니라는 것이 그의 생각이다. 대신 그는 대학 수업료를 헬스클럽에서 개인 트레이너에게 지불하는 돈과 비교했다. 교수들은 지식의 전달자가 아니라 트레이너의 역할을 맡아 학생들에게 여러 가지 장비(책, 연구실, 교수의 전문지식)를 쓸 수 있게 허락하는 것이라고 했다. 그런 다음 교수의 임무는 학생들에게 더 큰 노력을 요구하는 것이라고 했다. 학생들 스스로 최선의 노력을 하도록 이끌어야 하며, 칭찬받아 마땅하면 칭찬하고 재능이 보이면 그 재능을 격려해 주어야 한다는 것이다.

여기서 알 수 있듯이 랜디 포시의 교수관은 '가르치는' 사람이 아니라 '이끌어 주고', '감정을 나누는' 사람, '스킨십이 있어야 하는 사람'이다.

그러나 《마지막 강의》가 베스트셀러가 된 것은 그의 인생담론이나 교육철학 때문이 아닌 것 같다. 마지막 강의를 하게 된 심경과 경과 때문이 아닌가 싶다.

그가 마지막 강의의 청을 받았을 때, 그의 아내는 그 강의에 반대했다. 얼마 남지 않은 시간, 그 시간을 아이들과 더 행복하게 지내야 한다는 것이었다. 랜디 포시의 병세악화를 염려하기도 했을 것이다.

그들 부부에게는 다섯 살, 세 살, 한 살의 세 아이가 있었다. 랜디 포시도 아이들을 무척 사랑했다. 랜디는 아이들에게 해주고 싶은 말이 너무 많은데 지금은 알아듣지 못하니까 애들에게 해줄 이야기를 마지막 강의에서 할 생각이라고 했고, 아내는 거실에 삼각대를 세우고 카메라를 설치해 아이들에게 하고 싶은 말을 하고 녹화를 뜨면 된다고 했다. 그러면 랜디는 대학의 마지막 강의를 녹화로 찍어 DVD로 남겨주겠다고 응수했다.

이들 부부는 며칠을 논쟁했다. 결국 그들은 상담을 받기 위해 정신의학과의 전문가를 찾아갔다. 미국인다운 해결책이었다. 이 전문가는 주로 시한부 환자를 둔 가족들을 상담해주는 미셸 리스 박사였다.

리스 박사는 부부의 말을 모두 경청하고 몇 가지 문답도 가졌다. 이들 부부가 리스 박사 앞에서 털어놓은 심경은 가슴을 저리게 한다.

아내가 입을 열었다.

"나는 랜디를 잘 알아요. 일중독이잖아요. 강의하겠다고 마음먹으면 이 사람이 어떤 식으로 일할지 뻔해요. 남은 힘을 모두 강의에 쏟아 버리고 말거에요. 지금도 힘들어 하는데…."

강의날짜로 잡힌 날은 마침 아내의 생일이었다. 생일을 무시하고 마지막 강의에 나서는 일은 랜디에게 쉽지 않은 일이었지만 강의를 포기하는 일도 쉽지 않았다. 그 강의는 학교 식구들에게 행하는 작별의 의식이며, 동시에 교수경력에 마침표를 찍는 중요한 순간이라고 그는 생각했다.

은퇴경기를 치르는 왕년의 야구선수가 관중석 깊숙이 마지막 볼을 쳐내는 것처럼 그의 마지막 강의도 그래야 된다는 생각은 그에게 활력을 넘치게 했다고 술회했다. "이 강의는 내가 아끼는 많은 사람들이 나를 살아있는 사람으로 보게 될 마지막 시간이에요"라고 했다.

그는 리스 박사 앞에서 아내에게 호소했다. "다친 사자라도 여전히 으르렁거릴 수 있는지 알고 싶은 거야…."

두 부부는 여러 번 눈물을 흘리며 서로를 껴안았다.

리스 박사는 두 사람의 이런 모습을 모두 지켜보았다. 그리고 조용히 입을 열었다. 남겨진 시간을 함께, 그리고 올바른 방법으로 보내기 위해 책임을 다하려는 두 사람의 모습에 감동을 느꼈다고 말했다. 하지만 강의에 관해서는 해줄 말이 없다고 했다. "당신들 스스로 결정해야 할 문제지요. 서로의 말에 귀를 기울이며 좋은 결정을 내리기를 바랍니다"라고 격려했다.

랜디 포시는 집에 돌아와 다시 아내를 설득하기 시작했다. 정글에서 사는 사자처럼 그의 활동 근거지는 누가 뭐래도 대학 캠퍼스이고 학생들 앞이었다. 그리고 설명을 이어갔다.

"내가 배운 것이 하나 있다면, 부모가 아이들을 가르칠 때 가족 이외의 다른 사람들이 인정하는 것도 나쁘지 않다는 거야. 만약 내가 적재적소에서 청중들의 웃음과 박수를 유도할 수 있다면, 아이들에게 하려는 내 말에 더 무게가 실릴 수도 있지 않겠어?"

결국 마지막 강의는 2007년 8월 카네기멜론 대학에서 실현되었다. 아내도 뒷자리에 참석했다.

랜디 포시는 강의를 이런 말로 마무리지었다. 이 강의는 여기 모인 사람들을 위한 것만은 아니었다고.

"오늘 이 마지막 강의는 내 아이들에게도 남기는 것입니다."

마침내 마지막 슬라이드가 나타났다. 마당의 그네 옆에 서서 미소 짓는 둘째 놈은 오른팔에, 사랑스러운 어린 딸은 왼팔에, 행복한 표정의 큰놈은 어깨 위에 앉힌 랜디 자신의 사진이었다.

이때 그의 아내는 뒷자리에서 오열했을 것이 틀림없다.

대학 캠퍼스와 학생들을 생의 근거지로 삼았던 다친 사자는 학생들과 어린 아이들에게 마지막으로 으르렁댔고, 그 포효를 들은 많은 사람들은 눈물을 적셨다.

다친 사자 랜디 포시는 2008년 7월 버지니아의 체서피크 자택에서 세상을 떠났다. 마지막 강의를 생각만 해도 활력을 느꼈다던 그. 그는 마지막 강의에서 엄청난 활력을 얻었을 테고 그래서 의사가 진단한 생명의 시한보다 훨씬 오래 생존했는지 모른다.

하버드대학과 새뮤얼슨

미국 하버드 대학에는 이런 일화가 내려오고 있다. 노벨 경제학상을 수상한 경제학자 폴 새뮤얼슨(Poal A. Samuelson)이 하버드에서 박사학위를 받을 때의 이야기니까 아마 1940년대 후반에 있었던 일일 것이다.

새뮤얼슨의 학위논문이 통과되고 오럴테스트가 있었는데 4~5명의 쟁쟁한 교수들이 면접을 마치고 새뮤얼슨이 방을 나간 후 한 교수가 "우리가 면접에 패스했을까?"라고 농(弄)을 했다는 것이다. 그만큼 새뮤얼슨은 탁월했던 모양이다. 질문에 대한 답변이 거침없었던 것은 말할 것도 없고, 질문에 허점이 있으면 오히려 반박하고 나섰고, 그 반박이 완벽했다면 교수들이 판정패한 듯이 민망할 수도 있었을 것이다.

이와는 많이 다르지만 서울의 어느 명문고등학교에서는 이런 일이 있었다.

고등학교 2학년의 국사 시간. 거란(契丹)이 고려의 서북 국경을 침범·유린할 때 서희(徐熙)가 외교적 담판으로 거란군을 철수케 했다. 거란군의 장수는 유명한 소손녕(蕭遜寧)이다.

이 대목에서 역사 선생님이 "숙손녕이 몇십만 대군을 몰고 내려왔다가 결국 …"이라고 수업을 진행하는데 한 학생이 번쩍 손을 들었다. "선생님, 숙손녕이 아니라 소손녕 아닙니까?"

선생님은 잠시 긴장했다가 얼굴이 빨개졌다.

이 선생님은 시골고등학교와 서울사범대학을 나와 서울의 고등학교에서 교편을 잡은 총각교사였다. 아직 촌티를 벗지 못한 탓인지 하교 후에는 학생을 불러 양은솥 같은 살림도구나 반찬거리를 사는 심부름을 시켰다. 집에서 그런 심부름을 잘 안 해본 학생들은 이 선생에게 괴상한 별명을 붙여 부르곤 했다. "숙손녕 사건" 이후 이 선생은 많이 달라졌다. 학생들에게 친절해졌다고 할까, 학생들을 어려워했다고 할까….

새뮤얼슨과 숙손녕 케이스는 사소한 사건이지만 그것이 말해주는 교훈은 사소하지 않다.

학생들 가운데는 어느 측면에서 — 지식이든 생활문화의 면에서든 — 교수·선생보다 상위인 학생이 있다는 점을 염두에 두어야 한다.

외설담으로 누가 만들어낸 이야기겠지만 어느 초등학교 정문 앞길에서 개가 교배하는 모습을 보고 한 학생이 마침 출근하던 교장선생님에게 "교장선생님, 저 개는 아침부터 왜 저러는 겁니까?"라고 묻자, 교장은 "서로 친해보자고 그러는 거야"라고 대답했다. 어려운 질문에 대한 이 교장의 대답은 아주 훌륭했다고 볼 수 있다. 그러나 그 대답을 들은 학생은 돌아서면서 "야, 우리 교장은 아무것도 몰라"라고 친구들에게 으쓱댔다는 이야기다.

하물며 고등학교 학생이나 대학생. 그들을 우습게보면 안 된다. 성적이 나쁘다고 머리가 나쁘다거나 아는 것이 없다고 생각해서 상대하다 보면 큰코다칠 수가 있다.

새뮤얼슨과 숙손녕 케이스가 말해주는 또 하나의 교훈은 교수가 솔직하고 겸손할 줄 알아야 한다는 사실이다. "우리가 패스했느냐?"고 농을 던진 교수가 있었다면 아마 다른 교수들 중에도 자신이 새뮤얼슨보다 나을 게 없다고 생각한 교수가 있었을지 모른다. 그런 생각을 묻어 두기보다는 "우리가 패스했는가?"라고 농을 주고받음으로써 마음이 편해질 수 있을 것이다. 사람은 솔직하고 겸손할 줄 알 때 마음이 편안해진다.

S대학의 신문방송학과 교수 중에 학생들이 별로 좋아하지 않는 교수가 있었다. 그 큰 이유 중의 하나는 질문을 할 수가 없다는 점이다. 잘 이해가 안 되는 대목에 대해 질문하면 "그런 것도 이해 못하면 공부를 더해야지 질문이 무슨 질문이야"라고 핀잔을 주고 심지어 2~3주 전의 강의내용과 상충되는 부분에 대해 질문하면, "학생은 나를 곤경에 빠뜨리고 싶은 거냐?"고 화를 낸다는 것이다.

얼굴이 빨개진다는 것은 순박하거나 솔직하기 때문일지도 모른다. "숙손녕이 아니라 소손녕 아닙니까?"라는 질문을 받고 "아, 내가 착각을 일으켰는데 그럴 수도 있는 거지. 그런데 나에게 정면으로 그렇게 질문한다는 것은 선생에게 무례한 거야!"라고 화를 냈다면 그 선생은 학생들에게 어떻게 비춰졌을까. 얼굴을 붉히며 "내가 깜박했다"는 것이 몇 배 나을 것이다.

소설 · 드라마 속의 교수

대학교수는 그 인간상이 무미건조한 것일까? 학문하는 길, 젊은 인재를 가르치는 일은 달리 흥미나 재미를 말하기 어려운 것일까? 어쨌든 교수를 주인공으로 잘 묘사했거나 멋있게 그린 소설, 영화, 드라마를 찾기 힘든 것 같다.

대학교수가 작품 속에 등장하는 경우는 간혹 있으나, 그것도 학자 · 교육자의 면모가 아니라 조금 부정적 측면의 성격이나 사생활이 묘사되고 있다.

1950년대에 소설 《자유부인》이 화제를 모았었다. 서울신문에 연재된 정비석(鄭飛石)의 작품이다. 이 소설에 대해 서울 법대의 황산덕(黃山德) 교수가 공개비판에 나서 신문지상에서 논쟁이 벌어져 이목을 끌게 되었다.

소설의 주인공은 대학의 국문과 교수인 장태연의 부인 오선영. 정숙한 주부였던 그는 동창회에 나가 바깥세상에 마음이 흔들린다. 마침내 양품점에 취직하고, 남편의 제자인 신춘호와 춤추러 다니게 되어 가정파탄의 위기에 처한다. 장 교수는 아내를 제대로 다스리지 못하는 무능한 남편으로 그려져 있고, 그 자신도 학과 타이피스트에게 마음을 뺏겼다가 그녀가 결혼하는 바람에 꿈이 깨어졌다. 남편의 제자도 결혼하고 미국 유학을 떠나게 되어 오선영은 유혹, 질투, 울분으로 탈선과 실의에 빠졌으나, 결국 장 교수의 이해와 아량으로 서로의 과오를 뉘우친다는 것이 줄거리다.

황산덕 교수는 성윤리를 해치는 퇴폐작품이고 교수의 품위를 손상했다고 비판했고, 정비석 작가는 자유주의 물결을 탄 사치와 허영에 대한 경고적 의미를 담았고, 문학이 지켜야 할 표현의 자유의 한계를 벗어나지 않았다고 반론을 폈다.

이 작품은 6·25 전쟁 직후의 퇴폐풍조와 전쟁미망인의 직업전선 진출 등 당시의 절실한 사회단면을 묘사하면서, 지성의 힘을 각성시키려 했다는 평을 듣지만, 교수에 대한 이미지에는 좋은 영향을 주지 못했다.

우선 경제적 여유가 없는데다가 성격도 내부지향적이어서 부인조차 바깥세계에 어둡도록 했고, 스스로도 떳떳치 못한 과오에 빠져 한 남자로서, 한 가장으로서의 권위를 지키지 못하는 모습으로 그려져 있다.

어쨌든 이 소설은 선풍적인 화제가 되어 성윤리에 대한 논란을 일으켰고, 이 작품은 영화화되어 속편으로《속 자유부인》까지 나올 정도였다.

《자유부인》의 화제가 수그러진 지 40년쯤 지나 대학교수가 주인공으로 등장하는 인기 TV드라마가 있었다. 제목은〈아줌마〉. 주인공 장진구 교수는 돈을 써서 교수로 채용된 사람이고, 부인을 포함한 주변 모든 여자들에게 휘둘리는 우유부단한 인물로 묘사되었다.〈아줌마〉는 교수의 품위나 권위에 대해서는 전혀 고려하지 않았다. 지극히 세속적이고 사사로운 일에 휘말리고, 제대로 대처하지 못하는 주인공을 하필이면 대학교 교수로 했는지 잘 이해가 안 된다.

《자유부인》과〈아줌마〉를 가지고 시대가 흐르면서 교수의 권위가 하향했다고 단정지을 수는 없다. 그러나 대학교수의 수가 양적으로 팽창하면서 그 권위에 조금 영향을 받은 것이 아닌가 하는 생각이 든다.

〈아줌마〉 속의 장진구 교수는 실력도 없으면서 명문대학으로 교수자리를 옮기려고 운동하다가 "연구활동이나 제대로 하라"는 핀잔을 듣는가 하면, 석사학위 논문의 표절이 들통나 재임용에서 탈락된다. 집안에서도 부인을 포함한 친가, 처가 쪽으로 신뢰를 잃어 이혼직전까지 가는 어려움을 겪었고, 대학에서 쫓겨난 장 교수는 결국 공부방을 차려 중학생의 과외공부를 가르친다.

그는 결코 나쁜 사람은 아니고, 또 무기력하지도 않다. 정도 많고 사람들과도 잘 어울린다. 그러나 학문하는 사람답게 진지하다든가, 교수답게 사려가 깊다든가 하는 것과는 아주 거리가 멀게 그려져 있다.

교수라고 꼭 무미건조한 것은 아니다. 또 반드시 고매해야 하는 것도 아니다. 연구와 교육에 충실하면서도 멋과 낭만이 있을 수 있고 그래서 그 모든 것이 어우러진 "훌륭한 이야기"의

주인공이 될 수 있을 것이다. 심훈(沈熏)의 명작 《상록수》에 나오는 박동혁·채영신 같은 헌신적인 인간상이 아니라도 좋다. 《상록수》의 1930년대는 식민통치시대였고 계몽운동이 절실한 시대였다. 2000년대는 경쟁의 시대이고 인간성 회복이 절실한 시대이다. 이 시대를 슬기롭게, 그리고 멋있게 이끌어가는 대학교수를 주인공으로 한 감동적인 소설이나 드라마를 기대해 본다.

만화경

인터넷 게시판

대학의 인터넷 게시판에는 많은 글이 올라간다. 학교본부가 고지할 사항, 학과에서 구성원에게 알리고 싶은 안내사항에서 개인적 인사장도 올라간다. 그리고 주목할 점은 인터넷 게시판이 학내의 중요한 토론의 장 역할을 한다는 점이다.

각 학과는 폐쇄적인 경향이 있고 교수들은 사회성이 적은 탓인지 대학은 거의 학내 커뮤니케이션이 활발하지 못하다. 학내 소식, 교수동정에 어둡고 서로의 대화가 절제되어 있는 것이다. 그런 점에서 인터넷 게시판은 훌륭한 토론의 마당이다.

문제는 생산적 제안과 토론, 인간적 소통과 화합의 토론이 많으면 좋겠으나 그보다는 목소리내기 좋아하는 사람의 목소리가 많이 실리는 데 있다.

모 대학 게시판에 올랐던 글 몇 개를 옮겨본다.

일반게시문 〈교수승진에 대한 교평의 입장〉

작성자: 교수평의회의장

작성일: 2006. 2. 14

이번 교수승진 결과에 대한 교평의 입장은 다음과 같다.

1. 전임강사에서 조교수의 승진은 승진 소요기간이 지나면 승진소요 연구 및 연수실적이 충족된 대상자라면 당연 승진하는 것으로 생각되어 왔던 그동안의 관행에서 이번 승진대상자에 대한 누락은 형평성에서 크게 어긋나는 결과라고 판단한다.

2. 조교수에서 부교수 승진에서도 3차년도 승진자를 제외하면 승진율 35%로, 2003~2005년 3개년 평균 승진율 61%에 전혀 못 미치는 결과로 교수들의 바람을 전혀 수용하지 않았다는 면에서 인사권자의 각성을 촉구한다.

3. 따라서 3반운동과 학과의 전공분리 등 교수들의 적극적인 참여와 화합이 필요한 시점에서 이 같은 결과는 교수들의 진정한 참여를 기대하기 어려울 것이라는 점을 밝힌다.

일반게시문 〈교수승진에 관하여〉

작성자: 총장

작성일: 2006. 2. 16

교수승진에 관한 교수평의회 성명을 무시해 버리는 것은 교평을 존중하는 뜻에 어긋나기에 몇 가지 언급하고자 한다.

1. 승진해당자 중에 재임용 요건을 갖추지 못한 교수도 있었다. 학교측은 그 요건을 보완토록 해 재임용을 결정했다. 그것은 사적으로 도와준 것이 아니고 가능하면 적격자를 승진시키고자 하는 방침 때문이었다. 교평은 학교측의 이 같은 고충과 노력을 조금이라도 알고 있는지 묻고 싶다.

2. 교평은 이번 교수승진이 지난 3년간의 승진비율에 못 미친다고 해서 나에게 각성하라고 질책했다. 나에게 일갈해야 교평의 권위가 선다면 계속 일갈해도 좋다. 그러나 이번 경우 나는 각성할 수 없다.

여러 교수들과는 달리 나는 머지않아 이 대학을 떠날 사람이다. 내 입장에서는 승진대상자의 60%가 아니라 90%, 100%도 승진시키고 싶다. 또 승진해당자 거의 대부분 교수에게 나는 친숙감과 애정을 갖고 있다. 그러나 모두를 승진시키지 못하는 것은 나로서도 안타깝다. 승진이 왜 억제되는가를 이 자리에서 생각해볼 필요가 있다.

교수진 구성에도 조직의 구조가 고려될 수밖에 없고 승진이 억제되는 것은 그 구조의 역(逆) 피라미드현상과 교수진의 노령화를 막기 위한 것이다.

외국에서도 교수는 정교수(*Professor*), 부교수(*Associate Prof.*), 조교수(*Assistant Prof.*), 전임강사(*Instructor*)로 직급이 있고, 대부분의 대학이 내규로 그 구성비율을 20:30:40:10 또는 10:40:30:20으로 정해놓고 있다. 이 비율이 엄격히 지켜지는 것은 아니지만 지키려고 노력하고 있다. 많은 연구소와 연구교수제도를 시행하는 연구중심대학에서는 교수비율이 큰 의미를 갖지 않는다. 그렇지 않은 대학은 학생지도를 위한 교수체계가 반드시 필요하다.

지금 이 대학의 교수구조는 3%(전임강사):57%(조교수):46%(부교수):4%(정교수) 정도다. 매년 승진적용률을 60%로 적용한다면 2년 후에는 조교수 15%, 부교수 82%의 비율이 되며 8년 후에는 0%:0%:17%:83%, 11년 후에는 정교수가 99%인 구조가 된다. 정교수가 80% 넘거나 100% 가까이 됐을 때, 학생지도나 학과운영이 어떠할까에 대해서는 교수평의회 의장이 상상해주기 바란다.

일반게시문 〈재학률 85% 미만학과에 대한 원인 및 대책안 제출 요망에 대해〉

작성자: 컴퓨터과 교수 S

작성일: 2006. 4. 5

현재 재학생이 85% 미만 아니냐고 강변하면 맞아요, 맞아. 그러나 표를 좀 보면 3학년 정원이 125명인데 왜 재학생이 37명밖에 없을까 생각 안 해보셨습니까. 85%가 남학생인 학과가 우리과입니다. 휴… 내년에도 똑같은 글 띄우시면서 대책 마련하라 하시겠죠? 대책? 없습니다. 군대 가 있는 학생들을 강제로 복학시키기 전에는. ㅊㅊㅊㅊ

일반게시문 〈컴퓨터과 S교수에게〉

작성자: 총장

작성일: 2006. 4. 6

재학률 85% 미달 과에는 모두 보낸 공문입니다. 학과교수들이 머리를 맞대 원인을 분석하고 대책을 학과장이 제출하도록 한 것입니다. S교수는 학과장이 아닌데 왜 나섰지요? 대책이 없으면 없다는 뜻을 학과장에게 이야기하면 되는 겁니다.

남학생이 재학중에 군에 입대하는 것을 누가 모릅니까. S교수 학과에만 남학생이 많습니까. 더 많은 학과도 있습니다. S교수는 학생에 대해 무관심한 것이 드러나 있습니다. 군에 안 가더라도 입대를 빙자해, 혹은 입대준비를 명분으로 휴학하는 학생이 있습니다. 학업에 관심이 없거나 학과에 불만이 있는 학생도 휴학합니다. 그런 원인들을 분석해 대책을 마련해야 하는 것은 당연합니다. 대책 없다는 말이 떳떳이 나옵니까. ㅊㅊㅊㅊ는 또 무엇입니까. 그렇게 냉소적으로 살아왔습니까. 방관적이고 냉소적인 자세로 학생지도가 제대로 될지 매우 걱정스럽습니다.

전체일반게시문 〈학과조정 비공개논의 중단을 촉구하며〉
작성자: 교수평의회의장 교수 S
작성일: 2007. 2. 28
금년 1월 중순, 교무처장이 나에게 논의할 사항이 있다고 해서 가보니 3명의 보직교수와 또 다른 3명의 평교수가 있었으며 학과조정에 관한 일반원칙에 대해 의견을 나누자고 했습니다. 그 자리에선 구체적인 내용이 없었고, 향후 모임에는 저보다 평의회 간사가 참석, 회의의 진행과정을 청

취하는 것이 옳다고 생각하여 그렇게 조치하였습니다. 아시다시피 그간의 교수님들의 남다른 노력으로 금년 입시는 모든 과가 안정적인 입학자원을 확보한 것으로 판단되며 그 처음 논의시기는 그러한 희망이 강하게 느껴지던 때였으므로 구체적인 행동이나 시안 등이 준비되리라고 보지 않았고 지켜보겠다는 입장이었습니다.

그러나 최근 짧은 기간 내에 그 논의가 그 모임의 한 교수가 제시한 구체적인 안을 중심으로 첨삭을 가하며 급속히 진전되고, 회의에서 제시된 자료에 대하여 분쇄기를 이용, 자료파기를 하는 등 교수평의회 입장에 전면 배치되는 움직임이 있어 교수평의회 임원들을 소집, 논의한 결과 다음과 같은 입장을 천명합니다.

1. 그간의 논의 청취결과, 대학의 구조를 현시점에서 다시 변화시키고자 하는 움직임은 비록 그 구체적 시행시기를 정하지 않은 것으로 알지만 2007년 입시가 성공적으로 마무리되어 가고 있고 교수간에 화합의 장을 마련하고 있는 시점에서 교수들의 사기를 결정적으로 저하시키는 부적절한 행위로 판단됩니다.

2. 2005년의 학과조정 시에는 수개월 전에 위원회가 결성

되어 그룹웨어에 공지되었으나 이번의 경우, 모임의 구성원 몇 명은 "정치위원회" 성격을 갖는 반면 교수사회에 공지되지 않은 비공개, 비공식 모임으로 여기서 논의되고 결정되는 안이 교수사회의 의견을 반영하는 것으로 볼 수 없습니다.

3. 회의가 철저히 비공개이며 평교수 1인의 안에 근거한 구조조정 논의라는 점에서 일반적 정책입안의 보편타당 원칙에 위배된다고 판단되어 이에 근거한 구체적인 학교의 행동이 있을 경우 혼란이 야기될 가능성에 대하여 깊이 우려를 표명합니다.

4. 따라서 모임의 성격과 구성, 논의절차, 내용 등이 교수사회에 공지되고 그 총의를 모으는 가시적 조치가 취해지지 않는 한 교수평의회 입장에서 그 모임에 구성원을 파견하는 일이 없을 것임을 밝힙니다.

5. 아울러 구조조정 및 개선의 논의는 학과가 자유로이 의사를 개진할 통로를 마련하고 공개적인 자리에서 건설적 토론이 이루어져야 하며 행정편의가 교수사회의 안정보다 어떠한 경우에도 우선될 수 없고, 한두 사람의 안에 근거한 조정은 그 정당성 역시 인정할 수 없습니다.

6. 따라서 그 비공식모임에서의 논의는 즉각 중단하실 것을 그 모임 모든 구성원에게 촉구합니다.

일반게시문 〈S교수의 〈음모론〉에 대해 반문함〉

작성자: 총장

작성일: 2007. 3. 5

교평의장 S교수는 2월 28일에 공개한 게시문에서 대학이 마치 밀실에서 학과조정에 관한 음모를 꾸미고 있는 듯이 혹세적 억설을 폈습니다. 이와 관련해 S교수에게 몇 가지 반문하겠습니다.

1. 대학이 비전을 가져야 한다는 것은 여러 교수들이 절실히 공감하고 있습니다. 그 비전은 발전계획입니다. 그 비전은 하늘에서 떨어지는 것이 아닙니다. 새로운 정책의 구상 → 골격 구축 → 공개적 논의 → 관계기구의 심의를 거쳐 결정되는 것입니다. 구상단계를 독단이라 하고 골격의 연구를 음모로 볼 수 있는 것입니까.

2. 대학의 구조를 현시점에서 다시 변화시키고자 하는 움직임은 비록 그 구체적 시기를 정하지 않았더라도 부적절한 행위라고 S교수는 주장했습니다. 이 말은 현재의 대학

구조를 영속화하자는 얘기입니까, 아니면 발전계획에는 구조개혁이 불가피하게 검토된다는 상식론을 들어본 적이 없는 것입니까.

3. 나는 지난번 교수연찬회 때 경쟁력이 우수한 학과의 집중지원에 관한 새로운 계획을 설명하면서 그 반사정책도 있을 수 있다고 말했습니다. 또 학과의 조기경보제를 시행하면서 몇 학과에 대해서는 학과조정이 불가피한 상황이 올 수도 있다는 사실과 그 이유를 구체적으로 지적해 주었습니다. 이것도 학과조정 얘기를 비공개로 한 것입니까.

4. S교수는 스스로 학과조정에 관한 협의모임에 갔었다고 (1월 중순) 실토했습니다. 그 같은 협의를 더 공개적으로 하자면 방문 · 창문을 다 열어놓고 해야 하는 것입니까, 아니면 실황을 중계방송해야 하는 것입니까.

5. 학과조정은 1년 후에 하든, 5년 후에 하든, 10년 후에 하든 언젠가는 불가피할 것이기 때문에 턱에 받쳐 허둥대지 않도록 미리 TFT를 구성해 연구하도록 지시한 바 있습니다. 그 연구결과는 학장의 자문자료로 쓰일 것이며 종내에는 공개토론과 관련기구의 심의를 거치게 될 것입니다. 그 시기는 정한 바 없고 현 단계에서는 그 시기를 예상하기

도 어렵습니다. 그럼에도 불구하고 S교수는 "한 교수가 제시한 구체적인 안을 중심으로 첨삭을 가하며 급속히 진행되고, 회의에서 제시된 자료에 대해 분쇄기를 이용, 자료 파기하고 있다"면서 무언가 은밀히 공작되는 듯이 괴설을 농했습니다. 어떤 구상의 구체화는 누군가의 안을 중심으로 첨삭해 나가는 작업을 통해 이루어지는 것입니다. S교수가 생각하는 정책입안의 보편적 과정은 어떤 것입니까.

6. "급속히 진행되고", "분쇄기를 이용하고"라는 표현에 "붉은 볼펜, 푸른 볼펜을 쓰고", "낮은 목소리로 대화를 나누었다"고 덧붙였으면 보다 더 음습한 극적 서술이 되었을 텐데 미처 모른 것입니까, 아니면 관대함을 보인 것입니까.

7. 교수 개인이든 교수평의회든, 대학문제에 대해 누구나 의견 · 입장을 개진할 수 있습니다. 이런 견해가 교조적으로 떠받들어져야 하는 것은 아닙니다. 그럼에도 불구하고 S교수는 2년 전의 교평 견해를 주술적으로 몇 차례 거론했습니다. 이번 글을 올리기 위해 교평 평의원 몇 분과 협의를 했습니까.

8. 1년 전에 S교수는 무슨 문제인가에 대해 게시문을 올리면서 학장에게 "각성하라"고 엄히 꾸짖었습니다. 그때 나

는 마음속으로 "각성할 것이 없다"고 스스로 답했습니다. 그 며칠 후 나를 만난 S교수는 "죄송합니다"라고 말했습니다. 이번 게시문에서 S교수는 "즉각 중단하라"고 엄히 촉구했습니다. 이번 나의 답변은 "중단 못한다"입니다. 죄송하다는 인사치레를 하는 한이 있어도 일단 과격하고 무례한 어휘를 휘둘러야 교평의장의 권위가 올라가는 것입니까.

9. S교수는 내게 좋은 조언을 많이 해주어 항상 고맙게 생각하고 있습니다. 그런데 공개문을 게재할 때는 안면을 바꾼 듯하기도 하고 이성을 조금 잃은 듯도 합니다. 그럴 수밖에 없는 어떤 사연이 있는 것입니까.

10. 학교의 모든 문제에 관해 나는 많은 의견이 개진되기를 기대하고 있습니다. 그러나 상궤를 벗어난 의견, 저의가 드러나는 괴변에 대해서는 반드시 논박할 것입니다. 이것이 신임 교평의장이 말하는 "억압적 문화"입니까.

게시문 〈시국을 통탄한다〉

작성자: 법률과 교수 K

작성일: 2007.5.24

지난 화요일 교무위원회 참석교수님들께서는 느끼셨겠지

만 회의 분위기가 오너경영 이상으로 이상함.

교수업적평가 규정 중 연구실적의 비율을 낮추는 것은 무엇이며 업적평가에서 학장이 가감점을 할 수 있게 재량권을 주는 것은 시대를 거스르는 극치다. 이 규정에 대한 학장의 설명에 덧붙인 일부 보직자의 변은 아부의 극치 아닌가. 결국 학교발전에 아이디어를 내고 이를 인정받을 수 있는 사람은 현실적으로 보직자나 발전계획위원으로 압축될 것이 뻔한 일이다. 보직자를 포함한 학교운영자의 잇따른 행정미스와 거기에 줄을 대고 아부하는 교직원이 이렇듯 활개치는 우리 대학의 오늘과 내일을 통탄한다.

게시문 〈시국을 통탄한 글에 대한 의견〉

작성자: 경영학과 교수 S

작성일: 2007. 5. 25

교수업적평가에서 연구실적 비중을 어느 정도로 하느냐에 대해서는 여러 가지 의견이 있을 수 있습니다. 또 업적평가에서의 학장 가감점 재량을 “시대에 거스른다”고 했는데 그 시대가 어떤 시대인지 잘 모르겠습니다. 모두가 평등해야 하는 사회주의를 의미합니까. 그 정도의 재량권도 없으면 골치 아프게 학장을 왜 하겠습니까.

학교발전의 아이디어를 보직자만 내라는 법도 없고, 모든 교직원이 아이디어를 낼 수 있는 기회는 얼마든지 있습니다. K교수께서는 보직자나 발전계획위원이 아니기 때문에 아이디어가 있어도 내지 않겠다는 말씀인지요. 그런 자세라면 그것은 방관자적 자세일 것입니다.

보직을 10년쯤 하면 능숙할 수 있겠으나 그렇지 않은 한 행정미스가 있을 수 있다고 생각합니다. 보다 완벽한 것을 원하신다면 교수님께서 보직에 참여해 행정미스가 없도록 능력을 발휘해 주시기 바랍니다.

줄을 대고 아부하는 교직원이 활개 친다고 했는데 보직자들은 학장에게 아부할 이유가 하나도 없다고 생각합니다. 왜냐하면 학장보다 보직교수들이 대학에 더 오래 있을 것이기 때문입니다. 남들이 듣기에는 K교수님을 제외한 교직원 전체가 늘 아부하고 있는 듯이 보입니다.

K교수님보다 연세가 있으신 분도 보시는 글인데 반말을 사용하시니 기분이 좀 이상합니다. 저는 학생들에게 에티켓을 이야기할 때 그렇게 가르치지 않습니다.

연구의뢰 〈S교수님의 유감스런 답글을 보고〉

작성자: 법률과 교수 K

작성일: 2007. 5. 25

S교수님 글을 보면 연구보다 교육이 중시되어야 하는 것으로 되어 있는데, 이는 고등교육법이 명시하고 있는 것으로 미루어 보아도 잘못된 말씀입니다. 동법은 대학의 목적에 관하여 "사회 각 분야에 관한 전문적인 지식과 이론을 교수, 연구하고 …"라고 함으로써 교육과 연구가 동시에 이루어지며 연구를 기초로 교육이 이루어짐을 분명히 하고 있습니다. (제47조)

어차피 승진이나 재임을 위해서는 연구를 하게 된다는 발상은 유치하다고 생각합니다.

"지금의 시대"에 관해서는 S교수님께서 어찌 생각하시는지부터 말씀을 하시고 이 점 저와 만나서 이야기합시다.

발전 아이디어에 관해, 이를 민감한 업적평가 등을 미끼로 하는 보상을 통하여 아이디어를 얻고자 하는 발상부터가 문제라고 봅니다. 이러한 지적을 방관자의 자세라고 거세게 밀어붙인다면 S교수님도 속물임이 틀림없군요.

행정미스에 관해서도 만나서 토론합시다. 마지막 말씀

역시 유치하기 짝이 없는 표현입니다. 글에는 여러 유형이 있고, 특히 주장하는 글의 경우 존칭어가 생략되더라도 이는 존칭어가 있는 것으로 이해하는 것이 일반적입니다. 역시 교수님은 어쩔 수가 없군요.

게시문 〈토론문화 소고〉

작성자: 학장

작성일: 2007. 6. 1

교수업적평가 규정을 심의한 전체교수회의와 그 이후에 그 문제를 둘러싼 몇몇 교수의 논의를 보고 느낀 바를 조금 적겠습니다.

토론과 논의는 활발할수록 좋습니다. 조직이 살아있다는, 조직구성원이 참여하고 있다는 자기확인이기 때문입니다. 특히 민주적 사회에서 토론이 중요하기 때문에 "토론문화"라는 말까지 쓰이고 있습니다. 건전하고 발전적 토론이 바람직하기 때문일 것입니다. 토론이 건전하지 못하고 발전적이지 못하면 토론이 때로는 유해할 수 있을 것입니다. 다른 저의가 있어 논의를 제기하는 경우, 상대방 또는 구성원의 자존심을 훼손하는 표현, 미래지향적이 아닌

감정적 논의 등이 그렇습니다.

토론에서 가장 중요한 것은 어휘선택과 표현방식입니다. 그것이 잘못되면 토론은 본지에서 벗어나게 되고 조직의 분위기는 혼탁해질 수 있습니다.

2년 전쯤에 학과조정작업 과정에서 어느 교수가 "다 된 밥에 숟가락 가지고 덤비느냐"는 표현을 써서 많은 교수들이 불쾌하게 생각한 기억이 있을 것입니다. 그와 같은 표현 외에도 "보직자의 아부", "거기에 줄을 대고 아부하는 교직원이 활개 치는 통탄스러운 대학", "아직 깨닫지 못했는가", "코치 하나 하겠다", "유치한 변명이다", "당신은 속물임이 틀림없다"라는 표현을 사석이 아니 공개서한에 사용한다면 그 사람의 교양을 의심받을 수밖에 없습니다. 인격파산이 목적이 아니고 상대방 설득을 위해서라면 모욕적 표현은 피해야 할 것입니다.

나는 학내 커뮤니케이션이 활성화되어야 한다고 항상 생각하고 있습니다. 그러기 위해서는 토론문화가 성숙되어야 합니다. 건전한 토론문화를 위해 정제된 어휘선택에 유념해 주실 것을 당부합니다.

한 교수와 고교생의 대화

A교수: 어른들은 너희에게 잔소리를 많이 하지? 그중에 너희가 귀담아 듣지 않아도 될 이야기가 있다. "너는 왜 서울대학에 못 가느냐", "너는 꼭 일류대학에 가야 돼" 하는 이야기는 무시해도 되는 거다. 하나도 중요한 이야기가 아니기 때문이야.

K군: 저는 일류대학에 갈 생각을 못하니까 그런 이야기 하시는 분은 없는데 "너 대학에 갈 수 있겠느냐", "무슨 대학에 갈 작정이냐"는 이야기는 가끔 듣습니다.

A교수: 그런 말씀도 별로 중요하지 않아. 서울대학교 나왔다고 모두 훌륭하고 멋있게 사는 것은 아니지. 대학 가는 것이 나쁘다거나 일류대학에 갈 필요가 없다는 것은 아니다. 그것이 중요한 것도 아니고 승리하는 것도 아니라는 뜻이다.

우리나라 대통령 가운데 두 분은 육군사관학교를 나왔고, 두 분은 대학에 가보지 못한 고졸생이다. 그것도 일류고등학교가 아닌 지방의 상업고등학교 출신인 것을 너도 잘 알지 않느냐.

우리나라의 재벌을 일으킨 두 분 이야기를 해줄까. 삼성을 만든 이병철 회장은 일본의 와세다대학을 1년 다니다가 귀국한 분이다. 그분이 4년을 마치고 돌아오셨으면 아마 삼성을 만들지 못했을지도 모른다. 현대를 만든 정주영 회장은 시골에서 고등학교를 다닌 분이다. 내가 오래전에 울산에 있는 현대조선소를 견학한 적이 있다. 대형선박을 두 번째 만들고 있을 때인데, 정주영 회장이 직접 현장을 안내해 주었고 그후에 사무실에 돌아와 다과대접을 받았다. 그때 정 회장이 한 말은 지금도 또렷이 기억이 난다.

"첫 번째 배를 다 만들었을 때, 나는 며칠 동안 잠을 못 잤습니다. 저 큰 쇳덩어리가 과연 바다에 뜰 수 있을까 하는 걱정 때문이었습니다. 아마 내가 공과대학을 나왔으면 조선사업을 못했을 겁니다."

배의 설계는 물론 공과대학 조선학과 출신이 했을 것이다. 그러나 대학을 졸업했으면 이런저런 계산만 하다가 조선사업을 시작할 용기를 못 냈을 것이라는 이야기다.

K군: 교수님은 저를 위로해 주시려고 그런 말씀을 하시겠지만 저는 학교에서 우등상을 한 번도 받지 못했습니다. 공부 잘하는 학생에게 한 번도 이겨보지 못했는데 무슨 용기가 나오겠습니까.

A교수: 바로 그거야. 너는 우등생에게 이겨보려고 할 필요가 없어. 인생이라는 게 경쟁의 연속이라는 것은 확실해. 그러나 너도 겪어보면 알겠지만 경쟁은 사회에 나가서부터 시작되는 거야. 중고등학교, 대학은 그 경쟁의 준비운동을 하는 곳이야. 준비운동에는 아령도 있고, 철봉도 있고, 도수체조도 있지. 자기에게 맞는 준비운동을 골라 열심히 운동을 하면 되는 거야. 좋은 친구들과 사귀는 것, 소설도 읽고, 시도 읽고 하는 것들이 모두 준비운동이야.

K군: 실제로는 안 그런 것 같은데요. 학교성적이 95점인 학생도 있고 70점인 학생이 있지 않습니까. 이것 자체가 경쟁이지요. 저도 초등학교 때 시험 쳐서 100점 받아본 적이 있습니다. 그러면 80점 받은 제 동생은 집에서 야단을 맞곤 했습니다. 부모님은 저와 동생을 경쟁시키는 듯했습니다. 그때 저는 칭찬받는 것이 좋기도 하고 야단맞는 동생이 불쌍

해서 다음번에는 시험을 잘 못 쳐볼까 하는 생각을 한 적이 있거든요.

A교수: 나 같으면 네 동생을 야단치지 않는다. 아까 네가 95점, 70점 이야기를 했지만 95점이 70점에 이긴 것이 아니다. 70점을 받아도 그 학생이 꿈을 가지고 있고 그 꿈을 이룩하겠다는 의지가 있으면 170점이다. 95점 받았지만 꿈도 없고 의지도 없으면 95점일 뿐이야. 너는 어느 점수가 더 많다고 보나.

K군: 꿈을 가져야 된다는 말은 저희 학교 선생님에게서도 들었습니다. 꿈은 가진 자만이 그 꿈을 실현할 수 있다고 하시더군요. 꿈을 가지라는 말은 목표를 가지라는 뜻이라고 말씀하셨지만 목표를 세운다는 것도 아직은 막연하고, 그 꿈을 실현하겠다는 의욕을 가지라는 말씀도 어려운 말씀이라고 생각이 듭니다.

A교수: 목표는 꼭 커야 되는 것도 아니고 목표를 세우는 것이 어려운 일도 아니다. 나는 과학자가 되고 싶다, 고향의 시장이 되고 싶다, 사업가가 되고 싶다, 사업가가 되고 싶다… 무언가 하고 싶은 것이 있지 않겠나. 회사 사장을 한 번 해보겠다는 생각을 했다고 치자. 꼭 삼성전자나 현대자동차의 사장을 해야 하는 것은 아니지. 오히려 그렇게 큰 회사보다 사원이 20~30

명쯤 되는 회사의 사장이 되면 사원들의 개성을 모두 파악해 능력을 발휘하게 할 수 있고, 가족적인 분위기를 만들어 즐겁고 행복하게 지낼 수 있지 않겠는가. 그러다가 그 회사를 몇 배, 몇십 배 큰 회사로 발전시킬 수도 있는 일이고.

그런 목표를 이룩하겠다는 의지를 가지라는 것도 어렵게 생각할 필요가 없다. 사회에 나가 조직 속에서 일하다 보면 무엇이 중요한 것인가를 느끼게 된다. 중요한 것은 일을 처리할 수 있는 능력뿐이 아니다. 능력보다 중요한 것은 적극적인 자세, 협동심, 창의력 같은 것이다.

너는 IQ라는 말을 들어봤을 것이다. 지능지수다. 근래에는 IQ에 못지않게 EQ도 중요하다는 말을 많이 한다. 감성지수를 EQ(*Emotional Quotient*)라고 한다. 그런데 최근에는 IQ, EQ외에 NQ도 중요하다는 이야기들을 한다. NQ(*Network Quotient*)는 좋은 인간관계를 말하는 것이다.

목표를 갖는 것, 의지를 갖는 것이 어려운 것 같다고 했지만 하나도 어려운 것이 아니다. 목표는 자기가 하고 싶은 것이니까 어려운 문제가 아니고, 의지를 갖는 것은 저절로 되거나 마음먹는다고 되는 것은 아니다. 거기에는 필수요건이 있다. 시간이 아까운 줄 알고 시간을 소중히 여기면 의욕은 저절로 생기는 것이다. 내가 무엇을 하고 있는지 모르게 시간을 보내면 그것은 시간의 노예가 되는 것이다.

시간을 소중히 여기라는 말은 공부를 열심히 하라는 말과는 다르다. 공부할 때는 열심히 공부하고 놀 때는 열심히 놀라는 말이다. 공부를 열심히 하는 것은 IQ를 높이는 일이고 일의 처리능력을 키우는 일이다. EQ와 NQ는 어떻게 높이나. 소설을 읽고 시를 읽고 좋은 친구들과 토론을 많이 하는 것이 좋다.

또 하나 덧붙이자면 팝송 듣는 시간을 반으로 줄여 클래식 음악을 듣고 TV의 오락프로나 드라마 보는 시간을 줄여 신문을 읽어야 한다. 너희가 지금 즐겨듣는 팝송은 10년 후, 20년 후에는 없어지지만 클래식 음악은 그 생명이 100년, 200년을 간다. 팝송은 너희만 듣지만 클래식은 세계의 언어다. 너희는 앞으로 좋든 싫든 외국여행을 하게 되고 외국인을 상대하게 된다. 팝송만 듣고서는 세계화시대를 제대로 살아갈 수 없는 것이다.

예를 들어보자. 네가 외국사람과 레스토랑에 마주 앉았다. 레스토랑 안에는 음악이 흘러나왔다. 비발디의 4계(四季)라는 음악이었다. 화제도 별로 없고 해서 네가 "음악이 참 좋군요"라고 했는데 음식을 먹던 외국인이 "비발디를 좋아하십니까"라고 물었을 때 네가 그것이 지금 먹는 요리이름인 줄 알고 "네 서울에서 가끔 먹습니다"라고 했다면 그 꼴이 무엇이 되겠는가. 〈브람스를 좋아하십니까〉라는 영화가 있었다. 그래서인지 외국사람들 입에서는 "모차르트를 좋아하십니까" 같은 질문이 자연스럽게 나온다. 모차르트도 비발디도 작곡가라는 것쯤은 상식으로 알고 있어야 하는 것이다.

TV와 신문도 그렇다. TV는 색채, 음향, 표정, 배경, 소도구 등이 복합된 미디어다. 쉽게 말하면 눈을 홀리고 마음을 흔드는 힘이 있다. 때리고, 넘어지고, 괴상하게 웃고 하는 오락프로가 재미는 있을지 몰라도 무슨 의미가 있겠나.

그러나 신문은 활자와 문장이다. 문장은 선(線)이다. 선을 따라 읽어내려가야 한다. 거기에는 논리가 있다. 그 논리를 읽어가면서 사고력 · 판단력이 키워지는 것이다. 아까 소설과 시 이야기를 했지만 거기에도 논리가 있고 그 논리는 역사를, 철학을, 사랑을 혹은 세상살이를 이야기하는 것이다. 대학 갈 때 논술시험이 있고 그래서 논술학원도 있지. 학원이 무슨 학원이냐. 신문 보고, 소설 보고, 시 읽고 하면 그것이 저절로 논술공부가 되는 것이다.

K군: 교수님은 일류대학을 나오신 것으로 알고 있습니다. 일류대학 나온 것을 내세우거나 일류대학 나오신 덕을 본 적이 없으십니까.

A교수: 나는 일류대학을 나온 덕을 한 번도 본 적이 없다. 또 나는 어느 대학을 나왔다고 내세운 적이 한 번도 없다. 나와 비슷한 사람도 많이 있다. 나는 김대중 전 대통령을 대통령으로서는 별로 존경하지 않는다. 그런데 그분 말씀 중에 내 마음에 꼭 드는 대목이 있다. 그분이 대통령 재직중 서울대학교 졸업식에 참석해 축사를 하면서 이런 말을 했다. "여러분은 오늘 졸업식을 마치고 교문을 나서면서부터 서울대학교 졸업생이라는 것을 잊어버리십시오."

어느 대학 졸업이라는 것이 가치판단의 기준이 될 수 없다는 뜻이고 오히려 자만심을 없애기 위해서 서울대학교 졸업생이라는 것을 잊어버리는 것 좋다는 좋은 충고였다고 나는 생각한다.

어느 대학을 나왔다는 간판은 졸업 후에 부딪칠 경쟁사회에서 아무런 힘이 안 된다는 것, 그 간판보다 더 중요한 것이 있다는 것을 꼭 마음에 새겨주기 바란다.